Peter Heigl

# 30 Minuten für gute Rhetorik

Die Deutsche Bibliothek – CIP-Einheitsaufnahme

**Heigl, Peter:**
30 Minuten für gute Rhetorik - Offenbach : GABAL, 2003

Redaktion: Astrid Hansel, Frankfurt am Main
Umschlag und Layout: emb communications, Darmstadt
Satz: Jacobs Typographie & Design, Offenbach
Druck und Verarbeitung: Salzland Druck, Staßfurt

4. Auflage 2003



Hinweis:
Das Buch ist sorgfältig erarbeitet worden. Dennoch erfolgen alle Angaben ohne Gewähr. Weder Autor noch Verlag können für eventuelle Nachteile oder Schäden, die aus den im Buch gemachten Hinweisen resultieren, eine Haftung übernehmen.

Printed in Germany

www.gabal-verlag.de

ISBN 3-89749-123-0

## In 30 Minuten wissen Sie mehr!

Dieses Buch ist so konzipiert, dass Sie in kurzer Zeit prägnante und fundierte Informationen aufnehmen können. Mit Hilfe eines Leitsystems werden Sie durch das Buch geführt. Es erlaubt Ihnen, innerhalb Ihres persönlichen Zeitkontingents (von 10 bis 30 Minuten) das Wesentliche zu erfassen.

*Kurze Lesezeit*
In 30 Minuten können Sie das ganze Buch lesen. Wenn Sie weniger Zeit haben, lesen Sie gezielt nur die Stellen, die für Sie wichtige Informationen beinhalten.

- Alle wichtigen Informationen sind blau gedruckt.
- Schlüsselfragen mit Seitenverweisen zu Beginn eines jeden Kapitels erlauben eine schnelle Orientierung: Sie blättern direkt auf die Seite, die Ihre Wissenslücke schließt.
- *Zahlreiche Zusammenfassungen innerhalb der Kapitel erlauben das schnelle Querlesen. Sie sind blau gedruckt und zusätzlich durch ein Uhrsymbol gekennzeichnet, so dass sie leicht zu finden sind.*
- Ein Register erleichtert das Nachschlagen.

# Inhalt


**Vorwort** **6**

**1. Was ist Rhetorik?** **8**
Rhetorik früher und heute 9
Dialektik, die Schwester der Rhetorik 11

**2. Die Prinzipien für das öffentliche Reden** **14**
Langsam reden 16
Mut zu kurzen Sätzen 16
Bogensätze, keine Girlandensätze 18
Mut zur Pause 20

**3. Tipps für Stimme und Blickkontakt, Mimik, Haltung und Gestik** **22**
So stimmt die Stimme 23
Der richtige Blickkontakt 24
Haltung, Mimik, Gestik 26
Grundhaltungen 27

**4. Die Vorbereitung der Rede** **34**
Verschiedene Arten von Reden 35
Verschiedene Vortragsweisen 39
Das Manuskript 40
Die Vorbereitungsphasen 43

**5. Tipps für den Sprechstil** **48**
Guter Grundwortschatz genügt 49
Ein Gedanke, ein Satz 51
Ein langer Satz ist für die Katz 52
Keine Angst vor Wiederholungen 53
Hauptsachen in den Hauptsatz 54
Verben statt Substantive 55
Das Verb nach vorn 56
Aktiv statt Passiv 58
Arbeiten Sie mit Bildern 58
Positives stimmt positiv 59
Mit den Leuten reden, nicht zu ihnen 60
„Sie“ statt „Ich“ 61
Lachen ist gesund 62

**6. Tipps für den Anfang und Schluss** **64**
Aller Anfang ist leicht 65
Ende gut, alles gut 66
Wenn der Faden reißt. Kleine Pannenhilfe 67

**7. Tipps für die Diskussion** **70**
Zwischenrufe, Fragen und Polemik 72
Sachlich-kooperatives Diskussionsverhalten 76

**Register** **79**

# Vorwort

Viele Menschen geben sich größte Mühe bei der Vorbereitung ihrer Rede, und der Auftritt geht trotzdem daneben!

Warum? Weil sie nicht wissen, dass man bei einer Rede oder einem Vortrag andere Dinge beachten muss als bei einem guten Aufsatz. Weil sie es nicht gelernt haben, dass es zweierlei ist: über eine Sache zu *schreiben* oder darüber zu *reden*.

Schade um die Arbeit und um die Zeit! Denn: ein Referat oder ein mündlicher Vortrag kann sehr viel weniger Zeit und Mühe kosten als eine schriftliche Arbeit – vorausgesetzt, man weiß, worauf es ankommt!
Deshalb hat dieses Buch folgende Ziele:

- Sie werden erfahren, was Rhetorik bedeutet, und wie sie sich im Verlauf der Zeit gewandelt hat,
- Sie werden lernen, worauf es beim Reden ankommt,
- Sie werden Tipps bekommen, um es selber auszuprobieren.

Sie werden sehen: Rhetorik kann man lernen!

Viel Erfolg!

Die Gleichberechtigung von Mann und Frau liegt mir sehr am Herzen. Dieses Anliegen muss sich meines Erachtens auch darin zeigen, dass auch Frauen explizit angesprochen werden. Doch in einem geschriebenen Text sei es erlaubt, aus stilistischen Gründen entweder die männliche oder die weibliche Form zu benutzen, um den Lesefluss nicht zu stören.

Ich wünsche mir natürlich, dass Leserinnen und Leser gleichermaßen von diesem Buch profitieren werden. Wenn Sie Fragen zum Thema haben – ich bin für Sie da!

Ihr Dr. Peter Heigl

D-87616 Wald im Allgäu
Telefon: (0 83 02) 4 38
Telefax: (0 83 02) 4 28
E-Mail: dr-heigl@t-online.de
Internet: www.dr-heigl.de

# 1. Was ist Rhetorik?

*Woher kommt das Wort Rhetorik und was bedeutet es?* *Seite 9*

*Wie hat sich die Rhetorik im Verlauf der Jahrhunderte gewandelt?* *Seite 10*

*Rhetorik, Dialektik, Dialogik – wie verhalten sich diese Fachgebiete zueinander?* *Seite 11*

Die heutige Arbeitswelt stellt hohe Anforderungen an uns. Neben Fachwissen brauchen wir vor allem Kommunikations- und Dialogfähigkeit.

Im deutschen Sprachraum haben wir eine „Rhetorik- und Kommunikationslücke". Viele, auch intelligente Menschen, drücken sich davor, vor anderen eine Rede zu halten. In unserem Erziehungssystem wurden wir nicht dazu erzogen und motiviert. Im anglo-amerikanischen Sprachraum dagegen lernen die jungen Leute schon sehr früh, vor anderen zu sprechen. Dort gibt es sogar schon in der Grundschule das „Show & Tell Training", an Schulen und Universitäten „Speech Training", „Debating" und „Public Speaking". Unser deutsches Bildungssystem dagegen überlässt es fast dem Zufall, ob man ein guter Redner wird oder nicht. Hier besteht Nachholbedarf.

Gute und geglückte Kommunikation ist heute aber nicht nur in der Wirtschaft von Bedeutung. Sie gilt in vielen anderen Bereichen auch ganz allgemein als Gradmesser der Persönlichkeits-Entwicklung. Grund genug also, sich eingehend mit diesem Thema zu befassen!

## 1.1 Rhetorik früher und heute

Der Begriff Rhetorik geht auf die Griechen zurück. Sie bezeichneten mit *techne rhetorike* die „Redekunst" bzw. die Lehre von der Rede, ihrem Aufbau, den Ausdrucksmitteln und Stilformen.

Die Rhetorik entstand zusammen mit der Staatsform der Demokratie. Demokratie lebt von der freien Rede als Instrument demokratischen Handelns.

*Grammatik, Rhetorik und Dialektik*
Sie waren in der Antike die drei wichtigsten der „Freien Künste", es galt daher als freier Bürger lesen und schreiben zu können (Grammatik), in der Öffentlichkeit seine Meinung sagen zu können (Rhetorik), und seine Meinung schlüssig und mit guten Argumenten in Rede und Dialog vertreten zu können (Dialektik).

*Reden als Handwerk und als Kunst*
Das „Reden können" wurde teils als Handwerk, teils als Kunst gesehen. Einige Redner wurden hochberühmt: Lykurg, Lysias, Isokrates, Demosthenes. Die so genannten Sophisten („Weise") schufen bereits um 500 v. Chr. Regeln für das Reden und Argumentieren.

Sokrates (470 – 399 v. Chr.) und Platon (427–347 v. Chr.) lehnten die Form der einstudierten Redekunst ab. Sie bevorzugten stattdessen den philosophischen Dialog, das herrschaftsfreie Gespräch.

Aristoteles (384 – 322 v. Chr.) dagegen schätzte die Rhetorik sehr. Rhetorik bedeutete bei ihm a) die Fähigkeit zur klaren und logischen Darstellung eines Sachverhalts und b) die Anwendung der Dialektik, also die Fähigkeit, seine Meinung mit guten Argumenten in Rede und Gegenrede vertreten zu können. Rhetorik gehörte für ihn zu den wichtigsten Grundlagen der Wissenschaften.

Die Rhetorik wandelte sich im Verlauf der Jahrhunderte. Es gab Zeiten, in denen die Rhetorik den Pomp bevorzugte, z. B. in der Barockzeit, und es gab Zeiten, die Einfachheit und Klarheit forderten, z. B. das Zeitalter der Aufklärung. Das 20. Jahrhundert brachte in Europa den größten Missbrauch der Rhetorik in der Geschichte: Sie wurde degradiert zur politischen Propaganda und Volksverhetzung. Es gibt Fachleute, die sagen: Hätte man in Deutschland das freie Wort mehr gepflegt, wie etwa in England oder Amerika, so wäre das Volk nicht so leicht der demagogischen Verführung erlegen.

*Das Wort Rhetorik kommt aus der griechischen Sprache. Es bedeutet „sprechen vor anderen". Die Form hat sich im Laufe der Zeit etwas geändert.*

## 1.2 Dialektik, die Schwester der Rhetorik

Rhetorik und Dialektik werden häufig im gleichen Atemzug genannt. Deswegen muss auch dieser Begriff kurz geklärt werden.

Mit dem Wort *Dialektik* bezeichneten die Griechen die Kunst der Gesprächsführung und der scharfsinnigen Argumentation. Bei Sokrates und Platon bedeutete Dialektik vor allem: beim Gedanken-Austausch und „Durch-sprechen" (*dia-logos*) die Gesetze des guten Gesprächs beachten, im Widerstreit der Meinungen neues Wissen gewinnen und dabei der Wahrheit näher kommen. Bei Aristoteles bedeutete Dialektik: gemäß den Gesetzen der Logik zu argumentieren.

*Sophistische Dialektik*

Die so genannten „Sophisten" lehrten eine Form der Dialektik, die bereits in der Antike als unmoralisch bezeichnet wurde. Ihr Ziel war es, der eigenen Sache um jeden Preis zum Siege zu verhelfen, notfalls durch „dialektische Kunstgriffe", z. B. Wortverdrehung, Scheinbeweise, übertriebene Spitzfindigkeit und Haarspalterei.

*Dialektik bei Hegel*

Die große Begriffsverwirrung entstand durch Friedrich Hegel (1770 – 1831). Er bezeichnete später etwas ganz anderes als „Dialektik": Das Gesetz von Bewegung und Gegenbewegung des Geistes. Hegel vertrat die Meinung, jede Manifestation des Geistes treibe einen Widerspruch hervor. Auf eine Thesis folge eine Gegenbewegung bzw. Anti-Thesis, daraus entstehe eine Synthesis. Diese werde wiederum zur neuen Thesis. Sein Schüler Karl Marx und später die Marxisten interpretierten nach dieser Theorie alle gesellschaftlichen, kulturellen und ökonomischen Prozesse. Die „Dialektik" wurde zur neuen Methode des Denkens und Grundlage des „dialektischen Materialismus".

*Bedeutungsvielfalt von „Dialektik"*

„Dialektik" hat also eine vielschichtige Bedeutung. Manche benutzen es im Sinne von Sokrates und Platon, andere im Sinne der Sophisten, und wieder andere im philosophischen Sinne vom Gesetz der Bewegung und Gegenbewegung.

***Dialogik statt Dialektik?***

Manche Fachleute plädieren dafür, das problematische Wort „Dialektik“ im Zusammenhang mit Rhetorik aufzugeben und durch den unbelasteten Begriff „Dialogik“ zu ersetzen. Dies signalisiert eine Position, die heute allgemein gefordert wird, unabhängig davon, ob man das Wort Dialektik oder Dialogik benutzt: In Rede und Gegenrede soll das „Prinzip des Dialogs“ gelten, und die Kunst der partnerschaftlichen, fairen Gesprächsführung. Dies bedeutet zugleich Verzicht auf fragwürdige Taktiken der Dialektik: Kunstgriffe der Sophistik (Kunst der Trugschlüsse; von griech. sophos – weise), Eristik (Kunst des Streits und des Rechtbehaltens; von griech. *eris* – Streit), Rabulistik (Kunst des Wortverdrehens, von lat. rabula – Zungendrescher), z. B. bewusst manipulieren, provozieren, beleidigen, lächerlich machen, kränken, verallgemeinern, vom Thema ablenken etc.

***Rhetorik wird meist definiert als „Redekunst“ bzw. Lehre von der Rede, ihrem Aufbau, den Ausdrucksmitteln und Stilformen. Sie wird aber heute nicht mehr als Kunst gesehen, sondern als Handwerk und als „die Fähigkeit zum sicheren und wirkungsvollen Reden“.***
***Dialektik bedeutet im Zusammenhang mit Rhetorik die Kunst des Argumentierens oder die Fähigkeit, genau hinzuhören, miteinander zu reden und zu argumentieren.***

# 2. Prinzipien für das öffentliche Reden

*Was ist die stimmärztliche Grundlage für das richtige Reden in der Öffentlichkeit?* *Seite 15*

*Was sind die vier elementaren Prinzipien für das öffentliche Sprechen?* *Seite 16*

*Warum sind Pausen so wichtig?* *Seite 20*

Es sind nur einige wenige Prinzipien, auf die es beim öffentlichen Reden ankommt. Und diese wenigen Prinzipien sind erlernbar.

Als Grundlage brauchen wir die richtige Atemtechnik:
*Sprechen = ausatmen!*

Stimmärzte raten, nur in der Ausatem-Phase zu sprechen! Das Ausatmen soll mindestens 8–10 Sekunden dauern können. Und nur in dieser Phase spricht man. Aber nicht monoton, sondern mit „*Modulation*" (von lat. modulatus – melodisch), d. h. mit Höhen und Tiefen – und vor allem mit Pausen. Die Stimme braucht diese Unterbrechung für den nächsten sicheren, klaren und kraftvollen Satz.

***Die richtige Atemtechnik***
Beim so genannten „Stimm-Jogging", das die Stimmärzte vor einer Rede für die Stimme empfehlen, können Sie die richtige Atemtechnik üben: Inhalte sprechen, bei denen man nicht nachdenken muss, z. B. bis 5 oder 10 zählen, Wochentage oder Monatsnamen aufsagen etc. Suchen Sie die Tonlage, in der sich Ihre Stimme wohlfühlt! Sprechen Sie dabei deutlich, mit Höhen und Tiefen, Berg und Tal! Und machen Sie rechtzeitig Pausen!

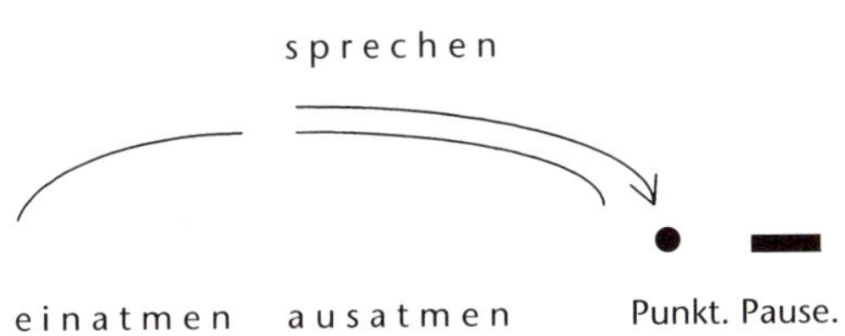

## 2.1 Langsam reden

Neun von zehn Menschen sprechen viel zu schnell. Sie sprechen auch beim Reden in der Öffentlichkeit in ihrem normalen Sprechtempo. Doch ein mit Zuhörern gefüllter Raum „verschluckt“ undeutlich gesprochene Silben, ja ganze Wörter. Sicher, ein temperamentvoller Sprecher wird rascher sprechen als ein ruhiger, bedächtiger Sprecher. Aber für beide gilt:

*Vor Publikum sprechen heißt langsam sprechen! Wenn man glaubt, man spräche übertrieben langsam, dann ist es annähernd richtig!*

## 2.2 Mut zu kurzen Sätzen

„Hauptsätze. Hauptsätze. Hauptsätze.“ So drückt in unnachahmlicher Kürze der Schriftsteller Kurt Tucholsky (1890 – 1935) seine „Ratschläge für den guten Redner“ aus.

***Weg mit den vielen Nebensätzen!***
Wir neigen dazu, viel zu lange Sätze zu formen mit einem Rattenschwanz an Nebensätzen und Einschüben. Woher kommt das? Der häufigste Grund dafür ist die bewusste oder unbewusste Angst vor Pausen. Diese werden oft als peinlich empfunden. So peitscht man sich von einem Satz zum nächsten. Ein weiterer Grund: Bereits in der Schule hielten uns die Lehrer an, doch „interessantere“ Satzkonstruktionen mit Nebensätzen und Einschüben zu wagen. Also bemühen wir uns vor allem bei offiziellen Redesituationen um ausgefeilte

Sätze. So mancher fühlt sich einem kunstvoll gedrechselten Schreibstil verpflichtet, der erheblich von der Alltagssprache abweicht. Dazu kommt, dass die meisten Menschen in Führungspositionen mehr lesen als der Durchschnitt. Sie glauben diesen Schreibstil auch beim Sprechen beibehalten zu müssen. Aber das ist falsch!

***Guter Sprechstil ist anders als guter Schreibstil!***
Der langatmige Schreibstil tötet die lebendige Rede! Lange und unsicher vorgetragene Satzperioden wirken kraftlos, auch wenn sie noch so kunstvoll ausgefeilt wurden! Kurze Sätze dagegen kann man kraftvoll vortragen. Sie wirken lebendiger und dynamischer.

***Die „Schreibe“ muß zur „Rede“ werden!***
Wir müssen, nein, wir dürfen in kurzen Sätzen sprechen! Sicher, ein reiner Hauptsatz-Stil mit einem Hauptsatz nach dem anderen könnte zum Ochsentrott werden. Doch keine Sorge! Die Erfahrung lehrt uns: Im lebendigen Vortrag kommen wie von selbst Einschübe und Ergänzungen hinzu, die ursprünglich gar nicht geplant waren, und die Sätze werden von alleine länger! Aber wir tun auf jeden Fall gut daran, die Rede bzw. den Vortrag in kurzen und prägnanten Sätzen auszuarbeiten.

*Der Inhalt einer Rede wird durch kurze Sätze auch viel klarer und verständlicher, denn kurze Sätze prägen sich leichter ein als lange Sätze.*
*Wer also öffentlich reden muss und dies lebendig und wirkungsvoll tun will, muss sich „umpolen“.*
*Die „Schreibe“ muss zur „Rede“ werden.*

## 2.3 Bogensätze, keine Girlandensätze

*Der Bogensatz*
Das „Berufsgeheimnis“ der Profi-Sprecher in Fernsehen und Rundfunk ist der sichere, kraftvolle *Bogensatz*. Er strahlt Sicherheit und Souveränität aus. Achten Sie einmal bewusst auf die Satztechnik unserer bekannten Fernsehsprecher. Sie werden sehen, der Bogensatz ist ein „Muss“ in ihrem Handwerkszeug.

Das Entscheidende dabei ist: Die Stimme hebt sich im Verlauf des Satzes und senkt sich am Satzende. Und es folgt eine deutliche Pause.

Die Hebung bringt Lebendigkeit und Dynamik. Die Senkung signalisiert Sicherheit. Die Pause lässt den Satz wirken, und sie gibt Kraft für den nächsten Satz.

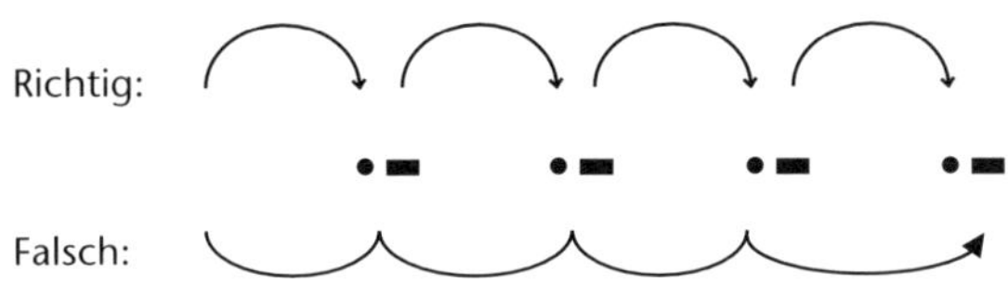


Das Gegenteil sind die Girlandensätze: Die meisten Menschen ziehen unmittelbar vor dem Satzende die Stimme nach oben. Dadurch wirkt der Satz unvollständig und unfertig. Man spürt dies und führt den Satz fort durch weitere Sätze, Nebensätze, Zusätze. Bei ungeübten und unsicheren Sprechern findet der Satz dadurch keinen erlösenden Abschluss. Immer wieder folgen neue Sätze, in Girlanden vorgetragen. Von Ausstrahlung und Sicherheit ist diese Sprechweise weit entfernt. Zudem ist das Risiko groß, den Faden zu verlieren. Der Satz bleibt oft unvollendet oder wird falsch zu Ende geführt.

Falsch:

„Meine sehr verehrten Damen und Herren, ich freue mich, dass Sie zu unserem heutigen Vortrag gekommen sind, der das Thema 'Prognosen für die wirtschaftliche Entwicklung im nächsten Jahrzehnt' behandelt, und zu dem ich, und zwar im Namen aller, unseren Referenten, Herrn Dr. Markus Schwarz, herzlich begrüßen möchte."

Richtig:

„Meine sehr verehrten Damen und Herren!
Ich freue mich,
dass Sie zu unserem Vortrag gekommen sind.
Unser Thema heißt:
‚Prognosen für die wirtschaftliche Entwicklung
im nächsten Jahrzehnt.'
Im Namen aller begrüße ich herzlich unseren Referenten:
Herrn Dr. Markus Schwarz."

Das „Berufsgeheimnis" der Profi-Sprecher bewährt sich übrigens nicht nur bei Aussagesätzen, sondern auch bei Fragesätzen. Kinder und Laien ziehen bei Fragen am Ende des Satzes die Stimme immer nach oben, wie man es in Kindertagen gelernt hat: „Wer hat von meinem Tellerchen gegessen?" „Ist die Mama da?" „Wo ist denn der Papa?" „Was gibt es denn heute zu essen?"

Das wirkt jedoch infantil. Der Profi hat den Mut, innerhalb des Satzes mit der Stimme nach oben zu gehen (Modulation), und am Satzende senkt er die Stimme. Man kann die bisherige Sprechweise durch etwas Übung verändern und durch die professionelle Sprechtechnik ersetzen. Der individuelle Stil bleibt dadurch dennoch erhalten, ja, er kann sich dadurch erst richtig entfalten.

*Bogensätze sind das Geheimnis der Profi-Sprecher in Rundfunk und Fernsehen. Die Stimme hebt sich im Verlauf des Satzes und sie senkt sich am Satzende zu Punkt und Pause.*

## 2.4 Mut zur Pause

Die meisten Menschen haben Angst vor Pausen. Sie flüchten sich von einem in den nächsten Satz. Ihre Rede wird dadurch unsicher und gehetzt. – Und viele glauben, das Wichtigste bei einem Redebeitrag sei das Reden. Das ist ein Irrtum.

***Pausen sind genauso wichtig wie das Reden***

Erst die Pausen verleihen der Rede Wirkung. Der beste Redebeitrag wird zerstört, wenn der Redner die Kunst der Sprechpause nicht beherrscht. Andererseits können einige wenige Sätze zur wirksamen Rede werden, wenn man es versteht, gekonnt Pausen zu setzen. Dies wird besonders deutlich beim Zitieren eines Gedichts. Das schnelle Herunterspulen der Worte, auch wenn es noch so deutlich geschieht, zerstört das Gedicht. Das Gedicht wird erst lebendig – durch Pausen!

*„Punkt. Pause."*
Diese Worte sollten innerlich gesagt werden können. Erst dann ist die Pause lang genug, und der nächste Satz kann folgen. Und wenn Sie es besonders gut machen wollen, dann sollten Sie zwischen zwei Sätzen die Worte unterbringen können: „Punkt. Pause. Gut." Dann verschwinden übrigens auch die vielen störenden „Ähs" ganz von selbst.

*Pausen schenken Denk-Zeit*
Pausen sind auch wichtig, weil sie dem Zuhörer Gelegenheit zum Mit-Denken und Nach-Denken geben. Er ist inhaltlich meist nicht so gut informiert wie der Sprechende und muss sich in das Gesagte hineindenken. Pausen geben ihm die Gelegenheit dazu. Sie helfen ihm, das Gesagte geistig zu verarbeiten.

*Pausen schenken Bilder*
Schließlich tragen Pausen auch dazu bei, die Phantasie des Zuhörers anzuregen und innere Bilder entstehen zu lassen. Als guten Redner wird man nur denjenigen bezeichnen, dem es gelingt, im Zuhörer innere Bilder zu erzeugen! Eine Rede ohne Pause ist wie ein Bilderbuch ohne Bilder!

***Die wichtigsten Regeln für die Sprechtechnik:***
- ***Ich rede langsam und deutlich.***
- ***Ich spreche in kurzen, klaren Sätzen.***
- ***Ich gönne mir Pausen: Punkt. Pause.***

# 3. Tipps für Stimme und Blickkontakt, Mimik, Haltung und Gestik

*Was muss ich beim Blick-Kontakt beachten, vor allem mit Stichwort-Zettel?* *Seite 24*

*Welches sind die bewährten Grundhaltungen?* *Seite 27*

*Welche Grundsätze gelten für die Gestik?* *Seite 31*

Neuere Untersuchungen haben ergeben, dass die Wirkung einer Rede zu

| | | |
|---|---|---|
| ca. | 10 % | durch die Worte, |
| ca. | 40 % | durch die Stimme und |
| ca. | 50 % | durch die Körpersprache |

erzielt wird. Für unsere Zwecke bedeutet dies:

- Die Worte, also der Inhalt, müssen klar sein.
- Die Stimme muss stimmen!
- Die Körpersprache und die nonverbalen Elemente der Rede sind äußerst wichtig!

## 3.1 So stimmt die Stimme

Einem Sprecher mit wohllautender Stimme hört man lieber zu als einem mit unangenehmer Stimme. Gott sei Dank klingt fast jede gesunde Stimme gut, wenn sie mit der richtigen Sprechtechnik und Satztechnik eingesetzt wird. Deshalb nochmals:

***Sprechen Sie klar und deutlich***

Modulieren Sie! Wagen Sie Höhen und Tiefen! Sprechen Sie in kurzen, klaren Bogensätzen, denn dann geht die Stimme ja automatisch immer wieder in die tieferen Stimmlagen. Diese „kommen besser an“. Sie können auch noch zusätzlich etwas tun für Ihre Stimme:

***Locker stehen und tief atmen***

Schulter- und Nackenverspannungen bereits im Vorfeld durch Lockerungsübungen auflösen.

*Stimm-Jogging*
Stimmärzte empfehlen z. B. in lockerer Haltung überdeutlich und nicht zu leise etwas deklamieren, ohne dabei zu denken, z. B. Wortpaare wie Mmmannn unnnd Mmmaus, Wwwinnnd unnnd Wwwelllennn, Mmmunnnd unnnd Nnnase etc. Eine bekannte Übung ist auch das Sprechen mit Hindernis: mehrere Sätze möglichst deutlich sprechen trotz Hindernis, z. B. einer ca. $^{1}/_{2}$ cm dicken Korkscheibe zwischen den Schneidezähnen. Nachher ist die Artikulation besser. *Singen* gilt als optimales Stimm-Jogging. Es verbessert nicht nur die Stimme, sondern auch die Stimmung. Wenn Sie also auf dem Weg zu Ihrer Rede sind, es gibt es nichts Besseres als eine fröhliche Gesangseinlage!

*Damit man Ihnen gern und aufmerksam zuhört, sollten Sie Ihre Stimme ein wenig trainieren. Besonders gut eignet sich die Kombination von Lockerungsübungen und Stimm-Jogging. Vor allem sollten Sie sich angewöhnen, in kurzen Bogensätzen zu reden.*

## 3.2 Der richtige Blickkontakt

Zum guten Reden gehört mehr als nur der Inhalt! Auch die interessanteste Rede wirkt nicht, wenn sie ohne Blickkontakt vorgetragen wird. Schauen Sie die Menschen also an, wenn Sie reden!

***Blickkontakt mindestens eine Sekunde lang***
Eine kürzere Dauer wird nicht als Blickkontakt empfunden. Empfehlung für noch nicht so routinierte

Sprecher: Suchen Sie sich ein oder zwei Menschen vor Ihnen aus, die Ihnen sympathisch sind, und schauen Sie sie öfter an. Das ist besser als gar kein Blickkontakt in den Zuhörerraum. Tipp für routiniertere Sprecher: Schauen Sie regelmäßig jemanden vorne links und vorne rechts sowie hinten links und hinten rechts an. Damit haben Sie dann problemlos den ganzen Zuhörerraum im Blick. Oder fahren Sie immer wieder ein M im Zuhörerkreis ab, mit einer Person für den Blickkontakt in der Mitte des Raumes. Damit fühlt sich der ganze Zuhörerkreis angesprochen. Besonders geschulte Sprecher halten selbstverständlich individuellen Blickkontakt, können die Vorgänge im Zuhörerraum wahrnehmen und ggf. zur Sprache bringen oder in ihre Rede einbeziehen.

***„Jede Rede beginnt und endet mit einer Pause!“***
Bereits zu Beginn des Redebeitrags, noch bevor Sie das erste Wort sagen, sollten Sie einen bewussten Blick in die Runde schicken. Schenken Sie sich und den Zuhörern durch diesen ersten Blickkontakt Zeit zur Sammlung und Konzentration. Der Blickkontakt bleibt dann auch nachher intensiver. Und auch wenn Sie das letzte Wort klar und vernehmlich gesagt haben, schicken Sie noch einmal einen kurzen Blick ins Publikum!

***Guter Blickkontakt durch die 3a-Technik!***
Wenn Sie mit Manuskript sprechen, ist die Gefahr besonders groß, dass sie die Augen immer auf das Manuskript heften oder gar ablesen. Dagegen hilft die sogenannte 3a-Technik (siehe Seite 26). Sie garantiert auch mit Manuskript einen optimalen Blickkontakt.

**Die 3a-Technik**

**a** wie Manuskript *anschauen*, Satz/Wortblock einprägen

**a** wie *aufschauen* beziehungsweise Zuhörer anschauen

**a** wie *aussprechen* mit Blickkontakt. Blickkontakt halten, solange Sie sprechen. Dann erst wieder Blick zurück ins Manuskript.

*Beschränken Sie Ihren Blickkontakt nicht auf einige wenige Zuhörer, sondern lassen Sie den Blick ruhig durch die Menge schweifen, so dass sich alle „angesprochen" fühlen. Üben Sie sich in der 3a-Technik, die Ihnen hilft, sich auf Ihr Manuskript zu konzentrieren, ohne die Zuhörer aus dem Blick zu verlieren.*

## 3.3 Haltung, Mimik, Gestik

*Das äußere Erscheinungsbild*

Die Qualität einer Rede hängt heute weniger davon ab, in welcher Kleidung sie vorgetragen wird, als davon, ob der Inhalt stimmt. Sie tun sich aber keinen Gefallen, wenn Sie bei Ihrem Auftritt übertrieben lässig gekleidet sind. Es ist besser, eher ein klein wenig „overdressed" zu sein. Das gibt auch psychologisch einen kleinen Kick: Heute ist ein besonderer Tag, ich zeige, dass ich etwas zu bieten habe. Wählen Sie vor allem Kleidungsstücke, in denen Sie sich wohl fühlen!

*Bitte lächeln*

Die Mimik, unseren Gesichtsausdruck, können wir wesentlich weniger steuern. Das ist auch nicht nötig. Den meisten Menschen widerstrebt es ohnehin, eine bestimmte Mimik einzustudieren, nur um die rednerische Wirkung zu erhöhen. Wir wollen einen Redebeitrag liefern, wollen informieren oder überzeugen – aber nicht schauspielern! Dennoch können wir etwas dafür tun, um freundlich zu wirken. Schauen Sie das Publikum offen und wohlwollend an! Auch neutrale Themen vertragen ein freundliches Gesicht! *Ein Lächeln noch vor dem ersten Wort wirkt Wunder!*

*Ob eine Rede beim Publikum ankommt oder nicht, hängt nicht unbedingt von der Kleidung des Redners ab, trotzdem sollte sie dem Anlass angemessen sein. Was auf jeden Fall wirkt, ist ein Lächeln!*

## 3.4 Grundhaltungen

Wenn Sie *im Sitzen* sprechen müssen, z. B. bei einem offiziellen Redebeitrag oder Referat in kleinerer Runde, wird es keine größeren Probleme mit Ihrer Haltung geben. Setzen Sie sich entspannt und locker hin, die Beine nicht verklemmt nach hinten unter den Stuhl gezwängt, in konservativen Kreisen auch nicht überkreuzt, sondern gerade. Man soll Sie gut sehen, und Sie sollen Ihre Adressaten gut sehen können. Wer sitzend vorträgt, wird leicht dazu verleitet, einfach abzulesen. Das wäre falsch. Gerade wenn Sie sitzen, ist der häufige Blickkontakt sehr wichtig.

Meist werden Sie Ihre Rede jedoch *im Stehen* vortragen. Man sieht und versteht Sie so besser. Außerdem hat das Stehen auch einen symbolischen Wert: Wer gehört werden will, muss auch „im Stande“ sein, „zu seinen Worten zu stehen“.

*Die Beine*
Sie stehen mit beiden Beinen fest auf dem Boden. Sie belasten beide Beine gleich. Sie stehen aber nicht stramm wie ein Zinnsoldat. Ihre Füße berühren sich nicht, sondern stehen etwa 10 – 20 cm auseinander. So haben Sie einen guten Halt und „Stehvermögen“.

*Die Hände*
Wenn Sie ohne Manuskript sprechen, so haben Sie die Wahl zwischen verschiedenen Grundhaltungen:

*Grundhaltung „Hände unten“*
Die Hände fallen locker seitlich am Körper herab.

*Grundhaltungen „Hände oben“*
In dieser Haltung befinden sich die Hände „oben“, also in Bauch- oder Brusthöhe. Dies ist auch die ideale Ausgangsbasis für Gestik. Jede kleine Bewegung der Hände *ist* bereits Gestik. Es ergeben sich mehrere Möglichkeiten:

1. Die Hände werden frei und offen vor dem Körper gehalten (Abb. 1).
2. Eine Hand bildet eine äußere Schale, die andere Hand liegt locker darin.
3. Beide Hände formen ein kleines nach vorne zeigendes Dach (Abb. 2). Die Fingerspitzen berühren sich

leicht. Damit sind die Hände „gut aufgeräumt". Diese Haltung wurde in letzter Zeit sehr beliebt bei Live-Reportern. Eine Variante davon: Die Finger werden verschränkt.

*Abb. 1: Grundhaltung, Hände oben, offen*

*Abb. 2: Grundhaltung, Hände formen ein Dach*

***Grundhaltung „mit Manuskript"***

Ein Stehpult ist eine große Hilfe, denn Sie können nicht nur das Manuskript darauf ablegen, sondern auch Ihre Hände. Beim Sprechen mit Manuskript ohne Stehpult gibt es nur noch *eine einzige Grundhaltung*:

Das Manuskript legen Sie in die leicht geöffneten Hände und halten es seitlich fest. So ist es sicher vor unliebsamen Zitterpartien. (Also nicht das Manuskript zaghaft am äußersten Rand halten und nicht am unteren Rand wie ein Weihnachtsenglein das Notenbuch!) Von dieser

Grundhaltung aus können Sie nun mit jeder der beiden Hände gestikulieren. Auch wenn Sie beide Hände für die Gestik brauchen: Das Manuskript bleibt in einer der beiden Hände, ohne dass es stören würde (Abb. 3).

*Abb. 3: Grundhaltung mit Manuskript*

Benutzen Sie für Ihr Manuskript am besten DIN-A5-Blätter im Querformat, gerne auch kleiner. DIN-A4-Blätter sind beim Sprechen ohne Rednerpult zu groß und nehmen die Sicht auf den Redner. Warum Querformat? Hochformat wirkt eng, das Querformat locker. Halten Sie das Manuskript nicht zu nah am Körper, das wirkt verklemmt. Lassen Sie es auch nicht einfach nach unten hängen, das wirkt schlaff. Im Idealfall bilden die Arme in etwa einen rechten Winkel. Damit haben Sie einen idealen Winkel für Ihren Blickkontakt. Ein kurzer Blick nach unten auf das Manuskript, dann wieder der Blick zu Ihrem Publikum! Siehe „3a-Technik"!

*Die Gestik*

Gestik (lat. – Haltung, Bewegung, Gebärde) meint die bewusst oder unbewusst eingesetzte Bewegung der Arme und Hände.

Es geht auch ohne Gesten – keine Gestik ist besser als unnatürliche Gestik! Manche Menschen halten perfekte Reden nur aus der Grundhaltung. Wenn genügend Blickkontakt vorhanden ist, wird niemand etwas vermissen. Doch die Erfahrung lehrt, ein gestenarmer Sprecher wirkt auf die Zuhörer meist monoton. Bewegung ist Leben. Also: Ja zu Gestik, aber wenn Gestik, dann *natürliche* Gestik!

Man unterscheidet verschiedene Arten der Gestik:

- symmetrische Gestik,
- asymmetrische Gestik und
- funktionale Gestik.

*Symmetrische Gestik*

Sie wirkt auf Dauer steif. Es ist in Ordnung, wenn Sie Ihre Rede zunächst in der Grundhaltung mit dem Redebeitrag beginnen. Doch bei den meisten Menschen stellen sich mit der Zeit spontane Bewegungen und Gesten ein. Wenn sich nun Arme und Hände immer genau symmetrisch, also seitengleich bewegen, so wirkt dies schnell unnatürlich und monoton.

*Asymmetrische Gestik*

Sie wirkt natürlicher und lockerer: Eine Hand oder beide Hände sind in Bewegung, tun aber nicht genau das Gleiche. Während die eine Hand in der Grundhaltung bleibt, kann die andere gestikulieren. Selbst wenn man unbewusst eine Hand oder beide Hände bewegt, ist dies bereits Gestik. Meist hat man eine „starke“ und eine „schwache“ Hand. Die „starke“ Hand ist meist ausdrucksstärker als die so genannte „schwache“ Hand. Wenn Sie mit Manuskript sprechen, halten Sie das Manuskript vorzugsweise in der schwachen Hand, sonst blockieren Sie die starke Hand für die Gestik.

Bei der asymmetrischen Grundhaltung sind auch die Beine mit einbezogen. Sie brauchen nicht wie angewurzelt stehen zu bleiben, sondern können das Gewicht zwischendurch von einem Bein auf das andere verlagern usw.

*Funktionale Gestik*
Die Hände haben die Funktion, das zu unterstreichen, was Sie gerade sagen. Das kann bewusst oder unbewusst geschehen. Es kann sein, dass Sie auf jemanden hinweisen, z. B. Ihren Gast, von dem Sie gerade sprechen. Oder Sie zeigen durch konkrete Bewegungen, was Sie gerade mit Worten ausdrücken: Sie zählen ein, zwei, drei Punkte auf, oder sie packen die Gelegenheit beim Schopf, machen die Tür weit auf für neue Ideen, wägen zwei Seiten ab, weisen eine Meinung weit zurück etc. Lebendige Gestik ist ein Gewinn!

Gestik wirkt gut und natürlich, wenn sie nicht eng und kleinräumig aus dem Handgelenk kommt, sondern aus dem Ellbogen, bei stark motorisch geprägten Menschen sogar aus der Schulter heraus. Enge Gestik wirkt verklemmt. Gestik soll sich oben, also im oberen Körperbereich abspielen, nicht „unter der Gürtellinie“, das wirkt unbeholfen. Gestik soll nach Möglichkeit auch nicht schnell, ruckartig und hektisch sein, sondern eher ruhig und harmonisch. Mit Gestik können Sie, wenn es Ihrem Temperament entspricht, Ihren Redebeitrag enorm bereichern.

*Abb. 4: Funktionale Gestik, hinweisend*

Jeder Mensch hat das Recht auf seinen eigenen Stil. Persönlichkeit und Sprechweise müssen zusammenpassen. Dann wirkt auch die Rede.

***Die Wirkung einer Rede hängt zu 10 % vom Inhalt, zu 40 % von der Stimme und zu 50 % von der Körpersprache ab!***

- ***Achten Sie also auf guten Blickkontakt!***
- ***Wählen Sie eine Grundhaltung, die gut zu Ihnen passt!***
- ***Wenn Gestik, dann nicht eng, sondern offen!***

# 4. Die Vorbereitung der Rede

*Welche Vorüberlegungen muss ich vor jeder Rede anstellen?* Seite 35

*Welche Arten von Reden, welche Vortragsweisen gibt es, und was muss ich dabei beachten?* Seite 35

*Wie sieht eine Zeit und Nerven schonende Vorbereitung aus, und was sind die entscheidenden Vorbereitungsphasen?* Seite 43

„Das Geheimnis guter improvisierter Reden:
sehr gute Vorbereitung!“

Mark Twain

Wer gut reden will, muss sich gut vorbereiten. Eine gute Rede kostet Zeit. Auch spontane Reden sind, zumindest indirekt, gut vorbereitet, nämlich durch Übung und Erfahrung. Aber auch besondere Rede-Situationen erfordern eine gewisse Vorarbeit. In diesem Kapitel bekommen Sie Tipps für die zeit- und nervenschonende Vorbereitung.

## 4.1 Verschiedene Arten von Reden

Noch bevor ich eine Rede vorbereite, muss ich wissen, welche Art von Rede ich halten werde, denn die Art der Rede beeinflusst Stil und Wortwahl.

Die verschiedenen Arten von Reden sind:
- Gelegenheitsrede oder Anlassrede,
- Informationsrede,
- Meinungs-, Argumentations- oder Überzeugungsrede.

Eine typische Anlass- oder Gelegenheitsrede ist eine Rede zu einem Geburtstag, zu einer Hochzeitsfeier oder einem Jubiläum. Eine typische Informationsrede ist ein Referat über einen bestimmten Sachverhalt oder ein Vortrag über die eigene Arbeit. Eine typische Meinungs-, Argumentations- oder Überzeugungsrede ist die Wahlrede. Bei der Anlassrede spreche ich von Mensch zu

Mensch und von Herz zu Herz. Bei Informationsreden steht die Sache im Vordergrund. Mit einer Argumentationsrede will ich überzeugen und für etwas kämpfen.

Jede Redeform erfordert eine andere Sprache. Natürlich gibt es auch Mischformen. Die Rede zum Firmenjubiläum kann streckenweise, wenn die Stationen der Firmengeschichte genannt werden, den Charakter einer Informationsrede haben. Die Wahlkampfrede eines Politikers kann und sollte auch genügend Information beinhalten. Oder nehmen wir die gekonnte Begrüßung eines Referenten bzw. einer Referentin. Im Prinzip ist die Begrüßung eine kurze Anlassrede. Wenn ich aber den Gast etwas ausführlicher vorstelle und vieles zu seiner Biographie und Lebensleistung sage, so fließen Elemente der Informationsrede mit ein.

Verschiedene Redesituationen verlangen verschiedene Fähigkeiten und Fertigkeiten. Anlassreden müssen persönlich wirken und sollten Wärme ausstrahlen. Informationsreden müssen vor allem Fakten bieten. Sie können sachlich und nüchtern sein, aber natürlich ist es ein zusätzlicher Gewinn, wenn sie auch unterhaltsam sind.

*Grundgerüste für Reden*

Nachfolgend finden Sie Hilfen und Grundgerüste für verschiedene Redeanlässe. Für Informationsreden gibt es kein festes Schema. Hier muss ich immer individuell überlegen: Wie gehe ich sinnvollerweise und logisch vor? Was sage ich zuerst, was später? Für Gelegenheits- und Argumentationsreden haben sich folgende Redebausteine bewährt:

*Gerüst für eine Gelegenheitsrede*

Anrede beziehungsweise Begrüßung der Gäste
Je nach Anlass: Freude, Ehre oder Auszeichnung
Gute Wünsche, Dank, Hoffnung
Appell oder Blick in die Zukunft
Dank oder Trinkspruch

*Gerüste für Meinungs- oder Argumentationsreden*

Argumentationspläne sind hilfreich und lassen sich auch gut kombinieren.

Anrede
Ich behaupte: ...
Ich habe dafür folgende Argumente:
1. ... 2. ... 3. ...
Deshalb ... Schlusssatz

Anrede
Ich behaupte: ...
Ich weiß, die Gegenseite sagt:
1. ... 2. ...
Folgende Argumente halte ich für stichhaltiger:
1. ... 2. ... 3. ...
Deshalb ... Schlusssatz

Anrede
derzeitige Situation, Vergangenheit oder Zukunft
Vorhandene Meinungen
meine Ansicht
meine Gründe
ggf. Widerlegung anderer Positionen
Aufforderung, Bitte, Mahnung, Hoffnung oder Dank

Anrede
Ich spreche aus folgendem Grund ...
Die derzeitige Situation ist diese ...
Die Situation sollte aber so sein ...
Wir können dies folgendermaßen erreichen
Ich bitte Sie also / Ich fordere Sie also auf ...

Oft sieht man die Sache so ...
Aber mittlerweile wissen wir ...
Daraus folgt ...

A hat gesagt ...
Folgendes spricht dagegen ...
Aus diesem Grund schlage ich vor ...

A behauptet ...
B widerspricht mit dem Argument ...
Beiden Positionen ist gemeinsam ...
Die Lösung ist vielleicht folgende ...

A vertritt folgenden Standpunkt ...
A begründet ihn mit ...
B dagegen vertritt folgenden Standpunkt ...
B begründet diesen Standpunkt mit ...
Ich teile keinen der beiden Standpunkte...
Meine Gründe / mein Vorschlag ...

Wir reden die ganze Zeit über ...
Dabei wurde außer Acht gelassen ...
Gerade dies aber erscheint mir viel wichtiger ...
Deshalb schlage ich vor ...

*Es gibt verschiedene Arten von Reden. Form, Stil und Wortwahl müssen dabei immer dem Anlass angemessen sein und zur Persönlichkeit des Redners passen. Ein Grundgerüst kann bei der Ausarbeitung einer Rede eine große Hilfe sein.*

## 4.2 Verschiedene Vortragsweisen

Ich muss mir im Klaren sein, wann ich in welcher Vortragsweise sprechen will.

***Die vorformulierte Rede***

Bei manchen Anlässen ist es sinnvoll und sogar notwendig, die Rede wortwörtlich auszuformulieren, z. B. wenn die Rede auch in geschriebener Form erscheinen soll, oder wenn man auf Nummer sicher gehen will, dass jedes Wort stimmt, z. B. bei staatspolitisch relevanten Reden, bei juristischen Stellungnahmen, bei besonders schwierigen Redesituationen wie einer längeren Trauerrede. Die wortwörtlich vorformulierte Rede ist mit Hilfe der 3a-Technik vorzutragen. Eine DIN-A4-Seite ergibt ca. vier Minuten Redezeit.

***Die freie Rede mit Stichwort-Hilfe***

Unter „frei reden" bezeichnet man heute auch das freie Sprechen mit Stichwort-Hilfen (z. B. auf einem Stichwort-Zettel, einer Mind Map, Folie, Flip Chart etc.). Diese Vortragsweise ist immer dann sinnvoll, wenn man keine schriftlichen Unterlagen abliefern muss und auf eine möglichst zeitsparende Vorbereitung Wert legt. Das Sprechen mit Stichwort-Hilfe wird heute als

Qualitätsmerkmal gesehen. Es zeigt, dass man sich vorbereitet hat. Es verhindert Langeweile, denn man liest den Text nicht ab, sondern spricht frei und es spart Zeit. Außerdem braucht man den Vortrag nicht mehr wortwörtlich vorzubereiten. Schließlich gibt es auch Sicherheit, denn man weiß, dass man nichts Wichtiges vergessen kann.

***Die freie Rede***

Eine gut gehaltene freie Rede, aus dem Stegreif oder auswendig gelernt, ist ohne Zweifel eine imponierende Leistung. Man empfiehlt die freie Rede allerdings eher für geübte Sprecher. Sie ist immer dann angebracht, wenn es ohne Belang ist, ob ich einige Punkte vergesse oder nicht.

*In besonderen Fällen ist es notwendig, die Rede wortwörtlich vorzuformulieren. Meistens genügt ein Stichwort-Manuskript. Eine längere, frei gehaltene Rede erfordert Sicherheit und Rede-Erfahrung.*

## 4.3 Das Manuskript

Das Manuskript zeigt, dass Sie sich vorbereitet haben! Je nach Situation und Vorbereitungszeit ergeben sich verschiedene Varianten.

***Das Voll-Manuskript***

Wenn Sie mit Lesepult sprechen, können Sie DIN-A4-Blätter verwenden. Achten Sie auf große Buchstaben und Zeilenabstände!

*Das Stichwort-Manuskript*

Wenn Sie mit Manuskript, aber ohne Lesepult sprechen, so empfiehlt es sich, Stichwortzettel im DIN-A5-Format oder kleiner zu verwenden. Besonders wichtige Sätze sicherheitshalber wortwörtlich ausformulieren, z. B. Anfangssätze, Kernsätze, Appelle, Schlusssatz etc.

- Querformat ist besser für Haltung und Gestik!
- Rechts und links genügend Rand frei lassen!
- Neuer Satz, neue Zeile!
- Nur einseitig beschreiben!
  (Statt umblättern: einfach oberstes Blatt nach hinten schieben, und man hat die nächste Seite parat!)
- Gut lesbare Schrift!
  (Auch unter Stress muss sie gut lesbar sein!)

*Der Weg zum Stichwort-Manuskript*

Die folgenden Text-Beispiele zeigen den Weg vom Schreibstil zum Sprechstil sowie vom Voll-Manuskript zum Stichwort-Manuskript. *Beispiel 1* zeigt einen gedrechselten *Schreibstil*. Dieser früher gerne verwendete Stil ist äußerst ungeeignet für die Rede.

> Sehr geehrter, lieber Herr Schmidt,
> wenn wir heute zusammenkommen, um Sie zu feiern und mit Ihnen das besondere Jubiläum einer zwanzigjährigen Firmenzugehörigkeit zu begehen, tun wir dies in dem Bewusstsein, dass wir Ihren Beitrag für den Firmenerfolg von Anfang an, der, wie wir wissen, nicht leicht war, nicht hoch genug veranschlagen können. Sie haben durch gute Ideen, Kreativität und Innovationsfreude, Zuverlässigkeit, vor allem durch Ihre stets gute Laune, zu unserem

Erfolg beigetragen, wofür wir uns hiermit herzlich bedanken und bei dieser Gelegenheit unseren Wunsch nach noch vielen weiteren Jahren guter Zusammenarbeit zum Ausdruck bringen.

*Beispiel 2* zeigt dieselben Gedanken im *Sprechstil.* Er zeichnet sich durch folgende Merkmale aus:
Kurze Sätze! Klare, natürliche Sprache! Pausen! Ein Gedanke, ein Satz ! Verben statt Substantive! Aktiv statt Passiv! Prägnante Wiederholungen! (Näheres dazu im nächsten Kapitel!)

Wenn Sie die Schlüsselwörter *unterstreichen*, haben Sie beides: ein Voll-Manuskript *und* ein Stichwort-Manuskript.

Lieber Herr Schmidt!
Sie feiern heute ein besonderes Jubiläum:
Seit 20 Jahren sind Sie bei uns in der Firma.
Wir wissen alle: der Anfang war nicht leicht.
Aber Sie gehörten von Beginn an zu denen,
die besonders für den Erfolg verantwortlich waren.
Sie hatten gute Ideen, waren kreativ und innovativ.
Wir konnten uns immer auf Sie verlassen.
Und wir konnten uns an Ihrer immer guten Laune erfreuen.
Dafür danken wir Ihnen herzlich.
Wir wünschen Ihnen – und uns –, dass wir
noch viele Jahre erfolgreich zusammenarbeiten werden!

*Beispiel 3 zeigt ein Stichwort-Manuskript.*
Es befinden sich nur Schlüsselwörter oder kurze Sätze darauf. Dies spart viel Zeit und Mühe. Voraussetzung ist, dass man die 3a-Technik und die Bogensatz-Technik beherrscht.

L. H. Schmidt
– w. s. zus.gekommen, um Sie zu feiern!
– bes. Jubil.: 20 J. i. d. Firma!
– alle wissen: Anfg. nicht leicht
– v. Anfang an bes. für Erfolg verantwortl.
– gute Ideen, kreativ, innovativ
– auf ihn verlassen – immer gute Laune – herzl. Dank!
– Wunsch für Sie und uns: noch viele J. gute Zus.arbeit!

*Bevor Sie ein Manuskript ausarbeiten, müssen Sie sich zwischen Voll-Manuskript und Stichwort-Manuskript entscheiden. Dann erst sollten Sie sich über den Inhalt Gedanken machen. Achten Sie darauf, im Sprechstil zu schreiben, also in kurzen Sätzen usw.*
*Im folgenden Kapitel finden Sie noch viele andere Tipps dazu.*

## 4.4 Die Vorbereitungsphasen

***Das Ziel***
Das Ziel meiner Rede muss schon für die Vorbereitungsphase klar sein! Nur wenn ich weiß, was ich will, kann ich bewusst Schritte in die richtige Richtung tun. Also frage ich: Welche Art von Rede will ich halten? Was ist das Ziel meiner Rede oder meines Referats?

- Will ich in einer *Informationsrede* etwas Neues und Wissenswertes vorstellen?
- Will ich in einer *Argumentationsrede* andere überzeugen oder zu etwas bewegen?
- Will ich in einer *Gelegenheitsrede* etwas Schönes und Denkwürdiges sagen?

Genauso wichtig sind die Fragen:
- Was wollen die Leute hören?
- Was brauchen sie?
- Was sind ihre Interessen?

*Der Hauptteil ist die Hauptsache*
Die schriftliche Ausarbeitung beginnt mit dem Hauptteil! Anfang und Schluss findet man leichter, wenn man den Hauptteil hat. Stoffsammlung und Gliederung am Anfang sind wichtig, sonst verzettelt man sich in Details!

Finden Sie etwas über die Interessen Ihres Publikums heraus und nutzen Sie diese Information als Anknüpfungspunkt, um die Leute auch wirklich anzusprechen. Beziehen Sie sie nach Möglichkeit in Ihren Vortrag ein, indem Sie ihnen Fragen stellen oder sie auffordern, irgendetwas zu tun. Anschauungsmaterial, Bilder etc. lockern Ihren Vortrag auf und erhöhen die Aufmerksamkeit.

Seit der Antike unterscheidet man verschiedene Vorbereitungsphasen. Diese Phasen gelten auch heute noch, auch wenn ihre Bedeutung sich geändert hat:

| | |
|---|---|
| *inventio* | Stoffsammlung |
| *dispositio* | Gliederung |
| *elocutio* | stilistische Ausformulierung |
| *memoria* | Einprägen der Gedanken und Worte |
| *actio* | Probe und Durchführung der Rede inkl. Stimme, Haltung, Gestik etc. |

*Stoffsammlung*
Seien Sie in dieser Phase ja nicht zu detailversessen! Nicht gleich fertige Sätze niederschreiben! Lassen Sie Ihren Gedanken erst einmal freien Lauf. Was könnte man vorbringen zum Thema? Halten Sie Ihre Gedanken schriftlich fest. Stichwörter genügen.

*Gliederung*
Nach der Stoffsammlung überlegen Sie: Wie soll die Rede aufgebaut sein? Was gehört an den Anfang und was an den Schluss? In die Phase der Stoffsammlung und Gliederung fällt auch die Überlegung: Ist es sinnvoll, Medien einzubeziehen, wenn ja, welche und wann? Medien sind wirksam und hilfreich bei vielen Redesituationen: Original-Material, Arbeitsblätter, Tafel, Flip-Charts, Folien, Beamer etc. Aber die perfektesten Medien helfen nicht viel, wenn der Vortragende eine Figur zum Erbarmen abgibt.

Die wichtigsten Rede-Situationen sind meist diejenigen, in denen man ohne Medien auskommen muss. Eine Überzeugungsrede vor versammelter Belegschaft oder eine Dankesrede für einen verdienten Mitarbeiter wirkt nicht durch gute Medien, sondern nur durch eine gute

Redeleistung. Die sprachliche Sicherheit ist entscheidend, egal ob Sie Ihre Rede mit oder ohne Medien halten.

*Ausformulierung*
Erst der dritte Schritt ist die genaue Ausformulierung wichtiger Stellen. Bei vielen Rede-Situationen ist die wörtliche Ausformulierung nicht unbedingt notwendig, ja nicht einmal ratsam. Es verführt zum Ablesen. Bei wichtigen Reden sollten Sie sich für diese Phase allerdings viel Zeit nehmen und Ihre Wortwahl genau überlegen.

*Einpräge-Phase*
In der vierten Phase lernte man früher die Rede auswendig. Hier dürfen wir es uns heute leichter machen. Wir prägen uns die wichtigsten Stellen gut ein, lernen aber nicht mehr eine ganze Rede auswendig. Dazu fehlt uns auch meist die Zeit, und vor allem riskiert man das berüchtigte Steckenbleiben. Mit dem Stichwort-Zettel kann dies nicht passieren. Sinnvoll ist dennoch vor wichtigen Reden eine Kombination aus „memoria“ und „actio“.

*Probephase*
Je nach Wichtigkeit des Anlasses ist ein Durchprobieren des Textes, laut oder halblaut, als Probe oder Generalprobe sehr nützlich. Man kann dabei die eine oder andere Stelle noch glätten und verbessern, und man kann sich wichtige Sätze besonders gut einprägen, damit sie bei der „Aufführung“ ohne Versprecher über die Lippen gehen.

*„Mentale Vorbereitung"*
Bereits in den Vorbereitungsphasen stelle ich mir vor meinem geistigen Auge die Zuschauer vor, wie sie vor mir sitzen, und auch mich selber, wie ich die Rede bestens meistere. Diese inneren Bilder kann ich mit psychologischen Techniken, z. B. Meditation und Autogenes Training, unterstützen. Dadurch wird die Psyche gestärkt, und dies trägt mit zum guten Gelingen der Rede bei.

*Bei der Vorbereitung der Rede ist zu überlegen:*

- *Welche Art von Rede (Gelegenheitsrede, Informationsrede oder Argumentationsrede) passt zu dem Anlass?*
- *Welche Vortragsweise ist sinnvoll (vorformulierte Rede, freie Rede oder freie Rede mit Stichwort-Manuskript)*
- *Falls ein Manuskript benötigt wird: reicht ein Stichwort-Manuskript, oder muss die Rede vollständig vorformuliert werden?*
- *Wie viel Zeit muss ich für die Vorbereitungsphase einplanen?*

# 5. Tipps für den Sprechstil

*Was sind die wichtigsten Kennzeichen des Sprechstils?* *Seite 49*

*Wie kann ich mir beim öffentlichen Sprechen das Leben leichter machen?* *Seite 49*

*Schreibstil und Sprechstil – wo ist der Unterschied?* *Seite 51*

„Es ist ein Beweis hoher Bildung, die größten Dinge auf einfachste Art zu sagen."

Ralph Waldo Emerson (1803–1882)

Was gäben wir darum, wenn wir unseren Kindern ein paar „todsichere Tipps" für gutes Deutsch mit auf den Schulweg geben könnten, mit deren Hilfe sie sich von einem Tag auf den anderen um ein oder zwei Notengrade verbessern könnten!

Das folgende Kapitel enthält die wichtigsten stilistischen Tipps, die eine Rede lebendig und das Zuhören angenehm machen. Man kann sie geradezu handwerksmäßig erlernen. Das Schöne dabei ist: Wir müssen nicht etwas Kompliziertes hinzulernen, im Gegenteil! Vieles, womit wir uns bisher belastet haben, können wir getrost über Bord werfen. Wir können uns das Leben leichter machen!

## 5.1 Guter Grundwortschatz genügt

Der normale Grundwortschatz reicht völlig aus, um öffentlich wirksam zu sprechen! Suchen Sie nicht verzweifelt nach möglichst treffenden, meist jedoch nur unnötig komplizierten Worten. Vergessen Sie den Appell der Lehrer, die Sie angehalten haben, einen besseren Ausdruck zu finden als den üblichen. Das können Sie gerne tun, wenn Sie an einer schriftlichen Ausarbeitung feilen. Aber beim Reden sollen Sie sich gestatten, so zu reden, wie es Ihnen anstrengungsfrei über die Lippen geht. Das ist leichter und wirkt natürlich und sicher.

*Kurz und bündig*
Große Reden wirken gerade deshalb so großartig, weil sie das Entscheidende oft mit wenigen Worten und in klaren, prägnanten Sätzen zu sagen vermögen. Denken wir an den unvergesslichen Martin Luther King mit dem immer wiederkehrenden Satz „I have a dream!“, oder an den charismatischen John F. Kennedy. Sein Leitspruch war bezeichnenderweise: Short words, short sentences, short speeches! Kurze Wörter, kurze Sätze, kurze Reden!

*Ein Gedanke ein Satz*
Und sicher haben Sie auch schon so manchen anerkannten Fachwissenschaftler erlebt, der als Redner aber völlig scheiterte, weil er mit seinen vielen Fachausdrücken und Schachtelsätzen seine Zuhörer langweilte. Die Qualität einer Rede hängt also nicht nur vom Vokabular ab, sondern vor allem von der Ausstrahlung und Sicherheit des Redners.
Dies soll allerdings nicht heißen, dass man nicht auch für besondere Zwecke nach besonders passenden Worten suchen kann. Aber es ist auf jeden Fall ratsamer, bei einer natürlichen Wortwahl und seinem eigenen Sprechstil zu bleiben, statt sich mit komplizierten Formulierungen abzumühen.

*Normalerweise ist für eine Rede der Grundwortschatz völlig ausreichend – zu viele Fach- oder Fremdwörter und verschachtelte Bandwurmsätze wirken gestelzt und schaden eher. Erleichtern Sie Ihrem Publikum das Verständnis, indem Sie Ihre Rede zuhörerfreundlich gestalten!*

## 5.2 Ein Gedanke, ein Satz

Eine Untersuchung hat ergeben, dass diejenigen Informationen, die als klare Einzelinformationen in einem einzigen Satz ausgedrückt werden, leichter im Gedächtnis behalten werden als diejenigen, welche in Kombination mit anderen Informationen übermittelt werden.

Haben Sie den Satz aufs erste Mal verstanden? Er ist richtig, aber leider unnötig umständlich. Derselbe Sachverhalt, klarer formuliert, könnte so lauten:

Eine Information pro Satz merkt man sich leicht.
Mehrere Informationen pro Satz merkt man sich schlecht.

Warum nicht gleich zwei kurze und klare Sätze anstelle eines komplizierten und langen? Zwängen Sie nicht durch Einschübe oder Nebensätze mehrere Informationen in einen Satz! Lösen Sie die Informationen auf in kleine, überschaubare und leicht merkbare Denk- und Informationseinheiten.

In der geschriebenen Sprache ist dies nicht unbedingt notwendig. Der Leser kann ja den Satz mehrmals lesen, darüber nachdenken und dann weiterlesen. All dies ist bei einer Rede nicht möglich. Die Zuhörer müssen den Inhalt eines Satzes sofort verstehen und verarbeiten, denn der nächste folgt sogleich und bringt neue, darauf aufbauende Informationen. Darum ist es sehr wichtig, dass jeder Satz in einer Rede gut verständlich, geradlinig und eindeutig ist. Also: *Formulieren Sie lieber kurz und bündig!*

Auch im Deutschen gleicht sich der moderne Schreibstil dem Sprechstil an. Dies ist – wir sprechen von Informationstexten, nicht von Dichtung und Literatur – keinesfalls eine Verarmung der Sprache, sondern ein Beitrag zu mehr Klarheit.

*Beschränken Sie sich nach Möglichkeit auf eine Information pro Satz und verzichten Sie auf Einschübe und Nebensätze. Fangen Sie lieber einen neuen Satz an!*

## 5.3 Ein langer Satz ist für die Katz

$S > 8'' =$ 

Eine Untersuchung hat ergeben, dass 80 % aller Menschen diejenigen Informationen sehr schnell vergessen, die in Sätzen von mehr als acht Sekunden vermittelt werden.

Um den vorangegangenen Satz laut auszusprechen, benötigen Sie etwas mehr als acht Sekunden. Länger sollte also der Satz nicht sein! Wenn es gelänge, ihn kürzer zu fassen, so wäre es noch leichter, ihn zu behalten. Was lässt sich tun, um diesen Satz weiter zu kürzen?

Eine Untersuchung hat ergeben: 80 % aller Menschen vergessen sehr schnell diejenigen Informationen, welche in Sätzen von länger als acht Sekunden vermittelt werden.

Viel besser! Aber vielleicht ließe sich der Satz noch optimieren oder programmatisch sloganartig darstellen, auch auf die Gefahr hin, etwas zu übertreiben? Inhaltlich zwar etwas verkürzt, aber dafür umso einprägsamer lautet die Aussage:

Ein Satz, der länger ist als acht Sekunden, ist für die Katz!

Dieser Satz hat beste Chancen, im Ohr zu bleiben! Fast hört er sich an wie ein Sprichwort aus Kindertagen, das man nie vergisst. Und als Überraschungseffekt erscheint das Ganze nicht in Worten, sondern in mathematischen Symbolen, kombiniert mit einer Zeichnung, – ideal also auch für den visuellen Merk-Typus! S > 8″ = 

Die „Formel“, der Aha-Effekt, das Schmunzeln, besser kann ich den Inhalt nicht vermitteln, und so bleibe ich dabei: Ein Satz, der länger ist als acht Sekunden, ist für die Katz! S > 8″ = 

*Je kürzer Ihre Sätze, umso besser werden Sie verstanden!*

## 5.4 Keine Angst vor Wiederholungen

Erlauben Sie sich Wiederholungen! Wiederholungen sind einprägsam, nicht monoton! „Ich behaupte erstens: ... Ich behaupte zweitens: ... Ich behaupte drittens: ...“ Wir alle kennen diese überzeugenden, wirkungsvollen Sätze bei Profi-Rednern.

Warum benutzen wir sie nicht selbst? Weil man uns in der Schule hundertfach korrigiert und uns eingebläut hat, Wiederholungen zu vermeiden. Also ringen wir nach Synonymen. Im vorliegenden Fall hieße es dann: „ ... ich möchte weiterhin betonen, ... ich will außerdem hervorheben, ... ich bin darüber hinaus der festen Überzeugung, dass ... “etc.

*Im Sprechstil sind Wiederholungen durchaus sinnvoll; durch sie wird eine Rede einprägsam und kraftvoll.*

## 5.5 Hauptsachen in den Hauptsatz

Dies ist einer der wichtigsten journalistischen Grundsätze für guten Informationsstil. Sehen Sie selbst:

Es ist eine viel zu wenig bekannte Tatsache, dass Sätze, deren Hauptaussagen nicht im Hauptsatz, sondern im Nebensatz ausgesagt werden, nicht sehr gut verstanden werden.

Ein ärgerlicher Satz! Warum? Die Sache, auf die es ankommt, erscheint sozusagen „nebenbei“ im Nebensatz. Besser wäre:

Es ist eine viel zu wenig bekannte Tatsache:
Sätze, deren Hauptaussage nicht im Hauptsatz,
sondern im Nebensatz ausgesagt werden,
werden nicht sehr gut verstanden.

Nach der Umformung steht die Hauptsache im Hauptsatz. Aber wir können das Ergebnis immer noch ein wenig verbessern, z. B. indem wir unnötige Worte weglassen und negative Formulierungen möglichst positiv umformen:

Hauptsachen sollen in Hauptsätzen ausgesagt werden, nicht in Nebensätzen.

So klingt es schon viel besser. Jetzt noch das umständliche Passiv weg! Und weil wir gerade beim Entrümpeln sind: Unnötigen Ballast und doppelt Gemoppeltes über Bord! Und auf einmal heißt es kurz und bündig:

*Hauptsachen gehören in den Hauptsatz!*

## 5.6 Verben statt Substantive

Abstrakte Substantive wirken meist blass und blutleer. Verben dagegen wirken lebendig. Sie lassen im Zuhörer eher Bilder entstehen als Hauptwörter. Wenn es Ihnen gelingt, innere Bilder zu erzeugen, wird man Ihnen gerne zuhören.

Beispiel: „Ich möchte meiner Freude Ausdruck verleihen ..."
besser: „Ich freue mich ..."

Beispiel: „Die Qualität wird dadurch in Mitleidenschaft gezogen."
besser: „Die Qualität leidet darunter."

Beispiel: „Nach der Beendigung der Realschule mit der mittleren Reife wurde von mir eine Lehre im Einzelhandelswesen begonnen und nach zwei Jahren zu einem erfolgreichen Abschluss gebracht."

besser: „Ich schloss die Realschule mit der mittleren Reife ab. Dann begann ich eine Lehre als Einzelhandels-Kaufmann. Die Lehre habe ich nach zwei Jahren erfolgreich beendet."

*Je mehr Verben Sie verwenden, umso lebendiger wirkt Ihre Sprache!*

## 5.7 Das Verb nach vorn

Hier lesen Sie einen korrekten, aber unnötig langen und umständlichen Satz:

> Wir müssen zur Kenntnis nehmen, dass im Deutschen im Gegensatz zu anderen Sprachen das Verb manchmal an den Schluss des Satzes rückt und diese Tatsache oft das Sprechen vor Publikum erschwert, weil man oft am Satzende nicht mehr das richtige Wort für den erlösenden Abschluss weiß, – was sich durchaus vermeiden ließe, wenn man in Kenntnis dieser Tatsache ganz bewusst das Verb möglichst nahe an den Satzanfang rückt.

Ein ärgerlicher Satz! Erstens ist er viel zu lang. Also: Wir entflechten ihn und bilden daraus mehrere Sätze. Das Ärgerlichste aber ist Folgendes: Das Verb, das für die Sinnerschließung entscheidend ist, erscheint erst am Ende eines Satzes bzw. Nebensatzes. Unser Gehirn will aber möglichst schnell wissen, wohin die Reise geht. Stellen Sie deshalb das Verb an den Satzanfang! Das vermindert Stress, und zwar sowohl beim Redner als auch bei den Zuhörern. Dann könnte es heißen:

Wir müssen erkennen: Im Deutschen rückt das Verb manchmal an den Schluss des Satzes – im Gegensatz zu anderen Sprachen. Dies erschwert das Sprechen vor Publikum. Denn man weiß oft am Satzende nicht mehr das richtige Wort für den erlösenden Abschluss. Das Problem kann man leicht vermeiden: Rücken wir das Verb möglichst nahe an den Satzanfang! Nach vorn mit dem Verb!

Ein ähnliches Beispiel in einer Begrüßung:

Sehr geehrte Frau Schwarz, wir haben viel von Ihnen und über Sie gelesen, und wir freuen uns sehr, dass Sie nun persönlich zu uns zu einem Vortrag gekommen sind, auf den wir schon sehr gespannt sind, und zu dem ich Sie im Namen aller sehr herzlich begrüßen und willkommen heißen darf, und wozu ich Ihnen, sehr geehrte Frau Schwarz, nun das Wort übergeben möchte.

Bei Profis ist der gleiche Inhalt aufbereitet in kurzen Bogensätzen. Und das Verb steht natürlich ganz weit vorn:

Sehr geehrte Frau Schwarz!
Wir haben viel von Ihnen und über Sie gelesen.
Nun sind Sie persönlich zu uns gekommen.
Wir freuen uns sehr darüber,
und wir sind sehr gespannt auf Ihren Vortrag.
Im Namen aller begrüße ich Sie sehr herzlich.
Liebe Frau Schwarz, willkommen bei uns!

*Bringen Sie das Verb möglichst bald! So erleichtern Sie Ihren Zuhörern das Verständnis erheblich.*

## 5.8 Aktiv statt Passiv

Formulieren Sie möglichst im Aktiv, nicht im Passiv. Das Passiv wirkt meist holprig.

| | |
|---|---|
| Beispiel: | „Der Rahmen meines Vortrags würde damit gesprengt werden.“ |
| besser: | „Das würde den Rahmen meines Vortrags sprengen.“ |

| | |
|---|---|
| Beispiel: | „Der Vortrag kann so von mir nicht gehalten werden.“ |
| besser: | „Ich kann den Vortrag so nicht halten.“ |

Wenn durch die aktive Formulierung häufiger als Ihnen lieb ist das Wort „ich“ oder „wir“ auftaucht, ist das nicht schlimm. Die Zeiten, in denen dies verpönt war und als zu egozentrisch galt, sind vorbei. Wir betrachten es heute als positiv, wenn jemand zu seiner Aussage steht.

*Meiden Sie Passiv-Konstruktionen, sie wirken oft schwerfällig.*

## 5.9 Arbeiten Sie mit Bildern

Eine Rede lebt von Bildern. Ein Bild sagt mehr als tausend Worte! Bringen Sie also möglichst oft konkrete Beispiele! Erzählen Sie auch konkrete Erfahrungen! Erzeugen Sie Bilder in den Köpfen Ihrer Zuhörer! Sie können dies zum einen durch bildhafte Ausdrücke erreichen:

„Sie zäumen das Pferd von hinten auf!", „Wir sägen uns den Ast ab, auf dem wir sitzen.", „Wir schießen mit Kanonen auf Spatzen!", „Er rennt offene Türen ein."

Bildhafte Ausdrücke bringen Farbe in unsere Redebeiträge. Und natürlich können wir selbst Bilder schaffen, um die Dinge auf den Punkt zu bringen. „Sie haben wieder als Erste die Ziellinie durchlaufen und stehen nun auf dem Siegerpodest!"

*Anschauungsmaterial*
Vor allem können wir richtige Bilder und Anschauungsmaterial in die Rede einbauen wie Poster, Folien, Dias, optische und akustische Hilfsmittel aller Art. Sie helfen uns, Redebeiträge lebendig zu gestalten. Dies gilt vor allem für längere Referate und Vorträge.

*Sprechen Sie in Bildern und bieten Sie Anschauungsmaterial! Das macht Ihre Rede lebendig und interessant.*

## 5.10 Positives stimmt positiv

Die Anspannung gerade zu Beginn einer Rede kann man selber sehr gut beeinflussen durch die Wortwahl. – „Man hat mich gebeten, zu Deiner heutigen Feier die Laudatio zu halten." Hier spürt man förmlich, dass der Sprecher dazu „verdonnert" worden ist. „Es ist mir eine große Ehre und Verpflichtung, die Laudatio bei Deiner Feier halten zu dürfen." Die hehren Worte wirken steif, zeigen die schwere Last und Bürde, und der Pomp der Worte bringt eine unnötige Anspannung in die Rede. „Ich freue mich, dass ich die Laudatio für Dich halten darf!" Hier wirkt ein einfaches, positives Verb Wunder. Auf einmal ist alles leicht und locker.

Wenn Sie etwas dafür tun wollen, dass Sie entspannt und locker wirken, bauen Sie möglichst oft positive Wörter ein, vor allem zu Beginn Ihres Beitrags! Arbeiten Sie mit Formulierungen wie: „Ich freue mich ...", „ ... es ist mir eine besondere Freude ...", „schön, dass... ", „gerne", „hervorragend", „großartig" etc.

Natürlich sollte dies nicht nur ein „Trick" sein, sondern einer inneren Einstellung entsprechen. Dann bleibt dies nicht nur einfach ein Griff in die rhetorische Trickkiste, sondern wird Ausdruck und Ausfluss von „emotionaler Intelligenz".

*Verwenden Sie positive Wörter, vor allem am Anfang Ihrer Rede. So werden nicht nur Sie selbst entspannter, sondern Sie übertragen diese innere Ruhe auch auf Ihre Zuhörer.*

## 5.11 Mit den Leuten reden, nicht zu ihnen

Machen Sie deutlich, dass Ihnen die Zuhörer wichtig sind. Das einfachste Mittel: die persönliche Anrede. Sprechen Sie Ihre Zuhörer direkt an! Nicht nur zu Beginn Ihrer Rede, sondern auch zwischendrin: „ ... und deshalb, meine Damen und Herren", „ ... und aus diesem Grund, liebe Kollegen ... "

Es ist nicht nur eine Floskel, um Zeit zu gewinnen. Sie schaffen damit immer wieder einen unmittelbaren Kontakt zum Publikum. Wenn Sie beispielsweise eine Rede auf jemanden halten, so sprechen Sie möglichst oft die Person direkt an, anstatt über sie in der dritten Person zu sprechen. Nicht: „Wir wollen Herrn Schmidt ehren und ihm Dank aussprechen. Denn er war zehn Jahre lang ein loyaler Mitarbeiter, und man konnte sich immer auf ihn verlassen." Sondern: „Wir wollen Sie, lieber Herr Schmidt, ehren. Sie waren zehn Jahre lang ein loyaler Mitarbeiter, und wir konnten uns immer auf Sie verlassen. Dafür möchten wir Ihnen danken."

*Beziehen Sie Ihre Zuhörer so oft es geht in Ihre Rede mit ein, indem Sie sie immer wieder direkt ansprechen. So stellen Sie einen engen Kontakt zum Publikum her.*

## 5.12 „Sie" statt „ich"

Koppeln Sie nach Möglichkeit das selbstbewusste „Ich" mit dem „Du". Zeigen Sie anderen Ihre Wertschätzung, indem Sie die anderen in den Mittelpunkt der Information stellen. Ein einfaches Mittel ist die Umformung der ich-bezogenen Sprache zu einer partner-orientierten Sprache:

Beispiel: „Ich zeige Ihnen hier ..."
besser: „Sie sehen hier ..."

Beispiel: „Wie ich Ihnen schon gesagt habe ..."
besser: „Wie Sie vorher schon gehört haben ..."

*Zeigen Sie Ihre Wertschätzung, indem Sie die anderen durch eine partnerschaftlich orientierte Sprache in den Mittelpunkt stellen.*

## 5.13 Lachen ist gesund

*Mit Humor gewinnen Sie Ihre Zuhörer.*
Wenn es Ihnen irgend möglich ist und wenn es zum Anlass passt, benutzen Sie:

- passende Sprichwörter,
- amüsante Wortspiele,
- eine heitere Geschichte,
- eine spritzige Anekdote o. Ä.

Es lohnt sich, interessante Aussprüche etc. zu notieren bzw. auszuschneiden und aufzubewahren. Bauen Sie vor! Ein Ordner mit Zitaten und Sprüchen kann zu Ihrem Schatzkästchen werden, das Sie immer wieder gerne öffnen, um nachzusehen, ob sich nicht etwas Passendes findet für Ihren nächsten Redebeitrag.

*Vorsicht bei Zitaten*
Übrigens: Auch klassische Zitate sind gut geeignet, vorausgesetzt Sie meiden solche mit moralisierendem Unterton, Rechthaberisches und Ideologie-Verdächtiges!

Eine andere Möglichkeit, eine Rede bewusst aufzulockern besteht darin, eine amüsante Begebenheit oder etwas ganz Persönliches und selbst Erlebtes zu erzählen.

*Wenn Sie folgende Hinweise bei der Planung einer Rede beachten, werden Ihnen andere gern zuhören:*

- *Sprechen Sie in kurzen, klaren Sätzen; vermeiden Sie Bandwurmsätze.*
- *Nutzen Sie die Vorteile von Wiederholungen.*
- *Verben lassen Ihre Sprache lebendiger wirken.*
- *Vermeiden Sie die Häufung von abstrakten Begriffen.*
- *Bilder bringen Farbe in Ihren Vortrag! Sprechen Sie in Bildern, und verwenden Sie Plakate, Folien, Medien usw.*
- *Benutzen Sie positive Formulierungen, denn Positives stimmt positiv.*
- *Beziehen Sie die Zuhörer in Ihre Rede ein. Dann werden sie sich wirklich angesprochen fühlen und Ihnen aufmerksam zuhören.*

# 6. Tipps für Anfang und Schluss

*Wie gelingt der Einstieg?* *Seite 65*

*Was kennzeichnet einen guten Schluss?* *Seite 66*

*Was hilft, wenn man den Faden verliert?* *Seite 67*

Anfang und Schluss einer Rede sind von besonderer Bedeutung. Ein guter Einstieg entscheidet darüber, ob mir die Zuhörer aufmerksam zuhören werden, und der gute Abschluss entscheidet über den Applaus. 90 % des Beifalls gelten einem guten Schlusssatz.

## 6.1 Aller Anfang ist leicht!

Aller Anfang ist schwer. Das bekannte Sprichwort stimmt hier nicht. Anfang und Schluss finden sich leicht, wenn der Hauptteil in den Grundzügen erarbeitet ist.

Die klassische Begrüßung mit der Anrede ist keinesfalls verkehrt. Man soll sie für alle Fälle parat haben, damit sie gut und sicher über die Lippen kommt. „Meine Damen und Herren!", „Liebe Kolleginnen und Kollegen, ..." etc.

Aber warum nicht einmal anders? Eine Alternative wäre das „Nachreichen", wie es bei den Medienprofis sehr beliebt ist: Mit einem markanten Satz zum Thema, zum Wetter, zum Ort, zu den Gästen etc. beginnen und dann die Begrüßung „nachreichen", z. B.: „Ein wunderbarer Tag heute! Und ein herrlicher Ort! Und ein ganz besonderer Anlass! Ich begrüße Sie herzlich, meine Damen und Herren, hier bei uns in ..."

Inhaltlich bieten sich folgende Möglichkeiten an:
- Dank für die Einladung,
- anknüpfen an Erwartungen der Zuhörer,
- ein Zitat oder Aphorismus,

- eine passende Anekdote,
- ein Anschauungsobjekt vorzeigen,
- ein aktueller Zeitungsartikel,
- aktuelle Daten und Fakten,
- auf eine aktuelle Situation eingehen,
- etwas Interessantes aus der Geschichte,
- eine Frage stellen und sie beantworten lassen oder
- einen provozierenden Satz an den Anfang stellen.

Was Sie nicht am Anfang Ihrer Rede tun sollten: sich entschuldigen, versprechen, dass Sie sich in Anbetracht der Kürze der Zeit kurz zu fassen gedenken ... Nichts könnte langweiliger sein!

*Anstelle der klassischen Begrüßungsworte können Sie mit etwas Fantasie auch einen anderen, vielleicht sogar originellen Redeeinstieg wählen, wenn es zum Anlass passt.*

## 6.2 Ende gut, alles gut!

Sprechen Sie mit voller Stimmstärke und Blickkontakt bis zum letzten Wort! Kein kraftloses „Das wär's" oder „Jetzt bin ich am Ende". Ein Dankeswort zum Schluss passt immer. Wenn Ihnen nichts Besonderes einfällt, schließen Sie einfach mit einem Dank. Es ist gut, wenn man diesen konventionellen Schluss automatisiert hat. Wählen Sie lieber den ganzen Satz „Ich danke Ihnen!" anstatt nur „Dankeschön!" oder „Danke" zu sagen, denn der ganze Satz wirkt wesentlich kraftvoller als ein einzelnes Wort.

Aber auch beim Schluss gilt: Warum nicht einmal anders? Warum nicht etwas professioneller? Probieren Sie es aus: Ein markanter Schluss-Satz ohne konventionellen Dank wirkt meist besser!

Hier ist eine Liste mit Ideen:
- Dank aussprechen,
- gute Wünsche,
- ein Sprichwort, Wortspiel, Zitat oder Gedicht,
- eine humorvolle Geschichte oder Anekdote,
- Bezug nehmen auf den Redeanfang,
- eine kurze Zusammenfassung,
- Konsequenzen ziehen,
- Taten fordern,
- Gegensätze versöhnen,
- einen großen Zusammenhang herstellen oder
- ein Geschenk übergeben usw.

*Auch für das Ende einer Rede gibt es unendlich viele Möglichkeiten, mit denen Sie, je nach Anlass, experimentieren können.*

## 6.3 Wenn der Faden reißt. Kleine Pannenhilfe

Wenn der Faden reißt, dann ist noch lange nicht Schluss! So genannte „Pannen“ empfinden die meisten Redner viel dramatischer, als sie sind. Das Suchen nach dem richtigen Wort wird oft vom Sprechenden als quälend lange empfunden, auf die Zuhörer wirkt es oft eher abwägend, überlegend, nachdenklich.

Sogar Versprecher sind normal. Sie gehören zur „Live-Sendung“. Wenn der Gesamtzusammenhang klar ist, werden viele Fehler oder Versprecher von den meisten Zuhörern oft überhaupt nicht bemerkt. Die Medien-Profis sagen dazu: „Das versendet sich.“ Wenn Sie merken, dass der Fehler oder Versprecher oder die Gedächtnislücke doch etwas größer ist: Locker bleiben! Dazu stehen!

Manchmal helfen folgende Strategien:
- den letzten Gedanken wiederholen,
- Zeit gewinnen: „Soviel zu diesem Punkt.“,
- eine Gedankenpause machen,
- zusammenfassen,
- Fragen stellen, z. B. ob bisher alles klar ist,
- zum nächsten Stichwort übergehen oder
- einfach offen sagen, dass Sie den Faden verloren haben.

Wichtig ist dabei nur, sicher und selbstbewusst zu bleiben. Einfach das Wort beziehungsweise den Satz neu anfangen, oder auch wie selbstverständlich: „ ... nein, ich muss es anders sagen ...“, „ ... nein, lassen Sie es mich so sagen ...“, „So, jetzt werde ich doch lieber ins Manuskript schauen ...“, „ ... so, wo steht es denn gleich ... ja, hier hab ich`s ...“

Keine Angst vor kleineren Pannen. Sie wirken sogar oft sympathisch! Aber nur dann, wenn man sich deswegen nicht verkriecht, sondern locker dazu steht. Perfektion weckt Aggression, nicht Bewunderung. Also: Mut zur Unvollkommenheit! Mut zur Lücke! Nobody is perfect!

*Achten Sie besonders auf Anfang und Ende eine Rede:*

- *Bereiten Sie Anfang und Schluss gut vor und überlassen Sie sie nicht dem Zufall!*
- *Versprecher sind normal!*
- *Kleine Pannen bringen Sympathiepunkte!*

# 7. Tipps für die Diskussion

*Welchen Zweck verfolgen Diskussionen?* *Seite 71*

*Wie reagiert man am besten in schwierigen Gesprächssituationen?* *Seite 72*

*Was läuft oft falsch bei Diskussionen, und was kann ich dagegen tun?* *Seite 76*

Die Diskussion ist nicht schwerer als die Rede, sondern anders. Manchen fällt die Rede leichter, manchen die Diskussion. Viele Menschen haben Scheu vor der Diskussion, weil sie unerwartete Fragen fürchten. Sicher werden wir nie auf jede Frage eine Antwort wissen, und sicher gibt es auch einmal Situationen, in denen man ins Stocken gerät. Wir werden auch nicht immer als strahlende Sieger aus einer Diskussion hervorgehen. Andere haben auch gute Argumente, und manchmal müssen Sie vielleicht auch Dinge sagen, die andere nicht gerne hören wollen. Aber es ist immer gut, wenn wir unsere Meinung deutlich machen können.

In der Diskussion spricht man meist schneller und temperamentvoller als bei der Rede. Die Sätze werden von alleine spontaner, länger und lebendiger. Aber je mehr Sie sich daran gewöhnen, die Hauptaussagen kurz und prägnant zu halten, umso besser wirken Sie.

Diskussionen können verschiedene Zwecke verfolgen:
- Informationen kennenlernen,
- andere Meinungen und Einstellungen kennenlernen,
- einen Konsens finden,
- Kompromisse erarbeiten oder
- andere überzeugen wollen.

In der Regel ist es unklug, auf Konfrontationskurs zu gehen, wenn man einen Konsens oder Kompromiss erarbeiten will. Meistens erreicht man mehr, wenn man erst einmal das Gemeinsame betont. Selbst wenn man andere überzeugen will, ist es oft besser, das Gemeinsame zu sehen und nicht nur das Trennende.

## 7.1 Zwischenrufe, Fragen und Polemik

Sehen Sie Fragen, Einwände und Zwischenfragen grundsätzlich positiv. Sie sind eine Chance, sich und die eigene Sache gut darzustellen. Problematisch sind nur Suggestiv-Fragen und provokative Fragen. Es sind Scheinfragen, hinter denen meist Angriffe stecken. Wir sollten sie erkennen, aber nicht selber verwenden, wenn uns an Fairness liegt, denn sie stammen aus der demagogischen Trickkiste.

***So gehen Sie am besten auf Fragen ein***

Antworten Sie nach Möglichkeit kurz, prägnant und positiv: „Ja, es ist so: ...", „Ja, dazu kann ich Folgendes sagen: ...", „Vielen Dank ...", „Ein wichtiger Punkt ... ", „Gut, dass Sie fragen ... "

- Zeigen Sie Verständnis

Oft drückt die Frage auch Bedenken aus. Statt sofort die Schublade mit der Entgegnung zu ziehen, ist es oft viel besser, Verständnis zu zeigen. So fühlt sich der Fragende verstanden und ernst genommen. „Ja, ich verstehe Sie sehr gut ...", „Ich verstehe, dass Sie befürchten ...", „ich habe das zuerst auch gedacht ...", „Ich habe mir die Frage auch gestellt, aber ich kam zu folgendem Ergebnis: ... "

- Fragen Sie zurück

Sinnvoll und konstruktiv ist auch die Rückfrage, warum die Frage (so) gestellt wird. Man erfährt dadurch zusätzliche Information und kann gezielter auf die Frage eingehen. „Darf ich fragen, warum Sie diese Frage stellen, – dann kann ich noch besser darauf eingehen?"

• Wenn Sie eine Sachfrage nicht beantworten können
Niemand kann alles wissen. Es wirkt glaubwürdig, wenn man nicht auf jede Frage eine fertige Antwort parat hat. Sicher und offen zugeben, dass man eine Frage nicht beantworten kann (oder will). Das ist besser, als um den Brei herumzureden. „Ich habe zu dieser Frage keine fertigen Lösungen ...", „Die Frage kann ich nicht aus dem Stand beantworten." „Diese Frage will ich jetzt (noch) nicht beantworten, bitte haben Sie dafür Verständnis."

• Zwischenfragen
Beantworten Sie diese nur dann sofort, wenn es ins Konzept passt. Wenn Sie unter Zeitdruck stehen, können Sie anbieten, später noch einmal extra darauf einzugehen. Unpassende Zwischenfragen sollten Sie ablehnen und dies kurz begründen.

*Was tun bei Zwischenrufen?*
Darauf eingehen, wenn es ins Konzept passt, etwa so: „Vielen Dank für den Hinweis. Er zeigt uns ...", „Darüber können wir uns nachher ausführlich unterhalten ..." etc.

• Zwischenfrage oder Zwischenrufe zur Sache
„Vielen Dank für die Frage. Ich werde im Verlauf des Vortrags noch darauf zurückkommen.", „Vielen Dank ..., es zeigt uns, dass ...", „Der Einwand ist berechtigt, wir müssen aber Folgendes bedenken ..."

• Witzige Zwischenrufe
Sie wollen meist einen Heiterkeitserfolg beim Publikum erzielen. Nicht todernst nehmen: locker und gelassen reagieren, mitlachen ...

• Zu lange Zwischenfragen

Kurz eingehen, mit dem Zusatz: „Bitte halten Sie die späteren Beiträge möglichst kurz, damit auch andere zu Wort kommen können."

• Killerphrasen

Gegen Killerphrasen, wie „Unsinn!", „Quatsch!" u. Ä. kann man sich wehren, indem man die Taktik mutig beim Namen nennt: „Killerphrasen bringen uns hier nicht weiter... Nein, das ist kein Quatsch ... Im Gegenteil, ich habe hier sehr viel Ahnung ... Nun, wir haben hier sehr viel nachgedacht ...". Natürlich kann man das auch schärfer formulieren: „Nein, wir haben sogar sehr viel nachgedacht, und zwar gründlicher als Sie ..." Dies führt jedoch schnell zur Eskalation. Äußern Sie sich deshalb lieber erst einmal möglichst sachlich, wenn Sie eine Eskalation vermeiden möchten. Manche Menschen merken nämlich gar nicht, dass sie Killerphrasen benutzen. Deshalb lieber zunächst diese bekämpfen, nicht die Personen selbst.

• Direkter Angriff

Hier ist zu überlegen: Soll ich gleich zum Gegenangriff übergehen, was vielleicht sogar verständlich wäre, aber auch Risiken birgt? Oder bin ich in der Lage, strategisch vorzugehen? Dann habe ich verschiedene Möglichkeiten: Ich kann bewusst sachlich bleiben; für die Gegenposition Verständnis signalisieren und dann erst die eigene Position verteidigen; ich kann einen gemeinsamen Nenner suchen und dann erst die eigene Position deutlich machen; ich kann ernsthaft oder mit Humor reagieren etc. Wenn ich mich zum Gegenangriff entschließe: fair bleiben.

***Was tun bei Polemik und Beleidigungen?***

Auf persönliche Angriffe und Beleidigungen, z. B. „ ... Sie sind ein Lügner!" etc. muss man sofort und notfalls mit Schärfe reagieren können. Dafür gibt es zwar keine Patentrezepte, aber es schadet nicht, wenn Sie für den Bedarfsfall einige Strategien und Formulierungen parat haben. Manchmal gehört auf einen groben Klotz ein grober Keil. Aber vergessen Sie nicht die Gefahr der Eskalation!

- Bewusst sachlich bleiben

„Das ist eine Beleidigung, ich will aber trotzdem sachlich bleiben.", „Sie werden polemisch / aggressiv / unhöflich / ausfallend, ich möchte aber möglichst sachlich antworten", „Ich merke, Sie müssen Dampf ablassen, – tun Sie's, aber ohne mich persönlich zu beleidigen.", „Sie haben schlechte Erfahrungen gemacht mit ... , aber Sie setzen sich selbst ins Unrecht, wenn Sie mich persönlich beleidigen.", „Ich höre Ihre Beleidigungen wohl, aber ich lasse mich von Ihnen nicht provozieren ..."

- Abblocken

„Ich möchte so nicht mit Ihnen reden",
„Wir können später weiterreden, aber sachlich".

- Drohen

„Das ist eine Beleidigung. Sie machen sich strafbar."
„Ich kann / werde Sie anzeigen."

- Humor

Gerne, wenn es zu Ihnen passt. Aber nicht verwechseln mit Ironie. Ironie lässt Konflikte weiter eskalieren!

- Die Bambustechnik

B Bestätigen, Bejahen
A Aufmerksamkeit, Anerkennung signalisieren
M Möglichkeit von Mängeln zugeben
B Bereitschaft zum Diskutieren zeigen
U Umlenken der Emotionen auf die Sachebene
S Sachebene, Sachgerechtigkeit anstreben

*Es gibt, je nach Situation, verschiedene Möglichkeiten, auf Zwischenfragen, Polemik und Killerphrasen zu reagieren. Entscheidend ist zu vermeiden, dass es zu einer Eskalation kommt.*

## 7.2 Sachlich-kooperatives Diskussionsverhalten

Das Ideal eines guten Dialogs oder eines guten Streitgesprächs ist nicht leicht zu erreichen. Aber wir können uns darum bemühen. Wenn wir mit gutem Beispiel vorangehen, setzen wir Maßstäbe für andere. Ein wichtiges Kriterium für gute Diskussionen ist das sachlich-kooperative Einwandverhalten. Es ist geprägt von Fragen und Formulierungen wie den sogenannten W-Fragen: „Wer ...?", „Was ...?", „Wo ...?", „Womit ...?", „Warum ...?", „Wie ...?", „Wann ...?" „Wer hat das gesagt?", „Was hat er/sie genau gesagt?", „Welche Quellen haben Sie?", „Wie kann man das nachprüfen?", „Wie sehen Sie das?", „Warum fragen Sie?". Weitere hilfreiche Formulierungen sind: „Sie müssen aber auch bedenken, dass...", „Ich habe in diesem Punkt eine ganz andere Meinung, und zwar ...", „Ich habe andere Informationen / Daten, und zwar von ...", „Ich komme zu einem anderen Ergebnis ...", „Das ist Ihre Sichtweise. Ich sehe die Sache so: ...", „Wir sind uns einig in Hinsicht x, aber wir unterscheiden uns in Hinsicht y ..."

*Gemeinsamkeiten und Gegensätze erkennen*

Viele Menschen zerfleischen sich in Diskussionen oft wegen lächerlicher Details. Bei guten Diskussionen ist es wichtig, dass die Diskussionspartner klar erkennen und es auch ausdrücken können, bis zu welchem Grad man übereinstimmt und wo man teilweise oder völlig anderer Meinung ist. Man sollte dies auch zum Ausdruck bringen. Dies verhindert unnötige Fronten. Also: Das Gemeinsame erkennen und benennen!

Viele Diskussionen werden allerdings erst dadurch interessant, dass die unterschiedlichen Positionen in aller Deutlichkeit und Schärfe klar benannt werden, z. B. bei öffentlichen Diskussionen oder Podiumsdiskussionen. Aber dies muss ohne persönliche Beleidigung geschehen. Aggressivität, Polemik, Grobheit, Verletzungen und Beleidigungen etc. werden in der politischen Arena oft bewusst inszeniert, um Show-Effekte zu erzielen, Punkte zu machen oder wenigstens kurzfristige Erfolge feiern zu können. Die Kontrahenten sind sich oft gar nicht so bitterböse wie es scheint. Man spielt das Spiel der Medien-Gesellschaft mit. Diese Methoden verbieten sich vor allem immer dann, wenn man mit dem Meinungsgegner weiter im Gespräch bleiben will, z. B. innerhalb von Arbeits-Teams. Also: Das Gemeinsame benennen, Brücken bauen wo möglich, Meinungsverschiedenheiten benennen, aber Meinungsgegner das Gesicht wahren lassen: „Wir sind uns einig darüber, dass ..., aber wir unterscheiden uns ...", „Ich stimme Ihnen zu im Punkt ..., aber ich bin ganz anderer Meinung hinsichtlich ...", „Ich kenne diese Argumente. Ich will sie aber mit folgenden Gegenargumenten widerlegen ...", „Ich nehme diese Argumente sehr ernst, aber ich halte Folgendes für noch stichhaltiger ...", „Wir müssen die Gegenargumente / Nachteile / Folgen bedenken ...", „Ich habe ganz andere Zahlen / Fakten / Daten als Sie ...", „Ich habe andere Erfahrungen gemacht als Sie ...", „Ich setze andere Prioritäten ...", „Ich lege andere Kriterien an ..."

*Eine Diskussion kann verschiedene Zwecke verfolgen: Informieren, überzeugen, Kompromisse erarbeiten, Konsens erzielen. Für eine konstruktive Diskussion gilt:*

- *Benennen Sie klar und mutig die Probleme, Störungen und unterschiedlichen Ansichten.*
- *Bleiben Sie aber dabei sachlich und fair. Lassen Sie Meinungsgegner das Gesicht wahren, vor allem, wenn Sie weiter mit ihnen zusammenarbeiten wollen.*
- *Werden Sie auf keinen Fall beleidigend oder verletzend.*
- *Bewahren Sie sich den Blick für Gemeinsamkeiten, Konsens und Kompromisse. Bauen Sie Brücken, wo immer es geht.*

# Register

3a-Technik 25, 26, 30, 43
Anschauungsmaterial 59
Atemtechnik 15
Bambustechnik 76
Begrüßungsworte 66
Beine 27, 28, 32
Beleidigungen 75
Blickkontakt 24, 25, 27, 30, 33, 66
Bogensatz 18, 23, 43, 57
Dialektik 10, 11, 12, 13
Diskussion 71, 76, 77
Elemente, nonverbale 23
Gestik, 28, 31, 33
–, asymmetrische 31, 32
–, funktionale 31, 33
–, symmetrische 31
Girlandensatz 18
Gliederung 45
Grundhaltungen 27, 29, 31, 33
Grundwortschatz 49, 50
Hände 28, 29, 31, 32
Hauptsatz 16, 17, 54
Humor 62, 63, 75
Killerphrasen 74
Körpersprache 23, 33
Manuskript 25, 26, 28, 32, 40, 47
–, Stichwort- 39, 41, 43, 47
–, Voll- 40, 43
Mimik 27
Pausen 20, 21, 25, 42
Polemik 72, 75, 77
Rede
–, Anlassrede 35, 36
–, Argumentationsrede 35, 36, 37, 44
– Formen 35, 36, 47
–, freie 40
–, Gelegenheitsrede 35, 36, 44
–, Informationsrede 35, 36, 44
–, Meinungsrede 35, 37
– Situationen 45
–, Überzeugungsrede 35, 45
Rhetorik 9, 10, 11
Rückfrage 72
Scheinfragen 72
Schlüsselwort 42, 43
Schluss-Satz 67
Sprechstil 17, 42, 52
Sprechtechnik 17, 23
Stimme 15, 18, 19, 23, 24, 33
Stoffsammlung 45
Streitgespräch 76
Versprecher 68
Vorbereitung, mentale 47
Vortragsweisen 39, 47
Wiederholungen 53, 63
Zitate 62
Zwischenrufe 72, 73

## Zu diesem Themenkreis sind bereits erschienen:

Peter Heigl
**30 Minuten für gute Rhetorik**

ISBN 3-89749-123-0

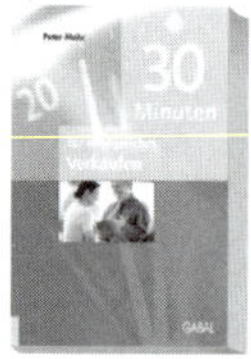


Peter Mohr
**30 Minuten für erfolgreiches Verkaufen**

ISBN 3-89749-224-5

Lothar J. Seiwert
**30 Minuten für optimales Zeitmanagement**

ISBN 3-930799-86-3

Reinhard K. Sprenger
**30 Minuten für mehr Motivation**

ISBN 3-89749-030-7

Bernhard P. Wirth
**30 Minuten für bessere Menschenkenntnis**

ISBN 3-89749-184-2

Fragen Sie in Ihrer Buchhandlung nach weiteren Bänden dieser Reihe oder fordern Sie einen Verlagsprospekt an:

**GABAL Verlag GmbH**
Postfach 200 252, 63077 Offenbach
Tel.: 0 69/83 00 66-0; Fax: 0 69/83 00 66-66
www.gabal-verlag.de
E-Mail: info@gabal-verlag.de